Descobrir Jogos Online Grátis

Disponível Aqui:

BestActivityBooks.com/FREEGAMES

5 DICAS PARA COMEÇAR

1) CÓMO RESOLVER LAS SOPA DE LETRAS

Os puzzles têm um formato clássico:

- As palavras estão escondidas sem espaços ou hífenes,...
- Orientação: As palavras podem ser escritas para a frente, para trás, para cima, para baixo ou na diagonal (podem ser invertidas).
- As palavras podem sobrepor-se ou intersectar-se.

2) APRENDIZAGEM ACTIVA

Ao lado de cada palavra há um espaço para anotar a tradução. Para encorajar a aprendizagem activa, um **DICIONÁRIO** no final desta edição permitir-lhe-á verificar e expandir os seus conhecimentos. Procure e anote as traduções, encontre-as no puzzle e adicione-as ao seu vocabulário!

3) MARCAR AS PALAVRAS

Pode inventar o seu próprio sistema de marcação - talvez já use um? Pode também, por exemplo, marcar palavras difíceis de encontrar com uma cruz, palavras favoritas com uma estrela, palavras novas com um triângulo, palavras raras com um diamante, e assim por diante.

4) ESTRUTURANDO A APRENDIZAGEM

Esta edição oferece um **CADERNO DE NOTAS** prático no final do livro. Nas férias, em viagem ou em casa, pode facilmente organizar os seus novos conhecimentos sem a necessidade de um segundo caderno!

5) JÁ TERMINOU TODAS AS GRELHAS?

Nas últimas páginas deste livro, na secção **DESAFIO FINAL**, encontrará um jogo gratuito!

Rápido e fácil! Consulte a nossa colecção de livros de actividades para o seu próximo momento de diversão e **aprendizagem**, a apenas um clique de distância!

Encontre o seu próximo desafio em:

BestActivityBooks.com/MeuProximoLivro

Aos vossos lugares, preparem-se...Vão!

Sabia que existem cerca de 7.000 línguas diferentes no mundo? As palavras são preciosas.

Adoramos línguas e temos trabalhado arduamente para criar livros da mais alta qualidade para si. Os nossos ingredientes?

Uma selecção de tópicos adequados à aprendizagem, três boas porções de entretenimento, e depois acrescentamos uma colherada de palavras difíceis e uma pitada de palavras raras. Servimo-los com amor e máximo divertimento, para que possa resolver os melhores jogos de palavras e se divirta a aprender!

A sua opinião é essencial. Pode participar activamente no sucesso deste livro, deixando-nos um comentário. Gostaríamos de saber o que mais lhe agradou nesta edição.

Aqui está um link rápido para a sua página de encomendas:

BestBooksActivity.com/Avaliacoes50

Obrigado pela vossa ajuda e divirtam-se!

1 - Dirigindo

```
L  C  T  R  A  F  I  C  M  T  N  F  Z  E
I  A  P  R  O  U  T  E  M  S  S  V  F  L
C  R  V  U  A  T  T  E  N  T  I  O  N  V
E  T  R  E  S  N  D  I  H  U  T  I  C  K
N  E  G  R  F  M  S  R  J  Z  W  T  A  P
C  Y  Z  H  Q  M  I  P  P  Z  R  U  R  M
E  G  G  M  O  T  O  D  O  Y  M  R  B  F
C  D  Y  P  O  I  A  V  L  R  C  E  U  R
I  A  P  I  É  T  O  N  I  P  T  S  R  E
B  N  N  M  A  V  E  S  C  Q  U  N  A  I
E  G  G  H  Q  V  D  U  E  M  N  M  N  N
B  E  G  A  R  A  G  E  R  F  N  B  T  S
T  R  C  N  Z  A  C  C  I  D  E  N  T  D
S  É  C  U  R  I  T  É  F  M  L  N  G  X
```

ACCIDENT	MOTO
VOITURE	MOTEUR
CARBURANT	PIÉTON
ATTENTION	DANGER
ROUTE	POLICE
FREINS	RUE
GARAGE	SÉCURITÉ
GAZ	TRANSPORT
LICENCE	TRAFIC
CARTE	TUNNEL

2 - Atividades

```
R  M  R  E  L  A  X  A  T  I  O  N  L  T
I  A  R  T  J  A  R  D  I  N  A  G  E  Z
C  G  N  S  D  A  B  G  I  Z  H  I  C  V
G  I  G  D  O  Z  H  U  H  M  Z  N  T  U
U  E  Q  O  O  B  T  I  I  P  M  T  U  C
Y  I  T  F  W  N  S  J  E  U  X  É  R  O
Z  Y  N  P  E  I  N  T  U  R  E  R  E  M
P  L  A  I  S  I  R  É  K  V  A  Ê  C  P
L  O  I  S  I  R  B  D  E  C  B  T  H  É
A  R  T  I  S  A  N  A  T  D  X  S  A  T
P  T  C  É  R  A  M  I  Q  U  E  L  S  E
T  U  S  L  A  C  T  I  V  I  T  É  S  N
B  S  I  P  F  Z  X  N  P  Ê  C  H  E  C
V  Q  P  H  O  T  O  G  R  A  P  H  I  E
```

ART	JARDINAGE
ARTISANAT	JEUX
ACTIVITÉ	LOISIR
CHASSE	LECTURE
RANDONNÉE	MAGIE
CÉRAMIQUE	PÊCHE
PHOTOGRAPHIE	PEINTURE
COMPÉTENCE	PLAISIR
INTÉRÊTS	RELAXATION

3 - Churrascos

```
Q  D  K  R  H  A  J  N  C  C  M  I  S  I
X  T  L  G  X  F  O  E  M  O  U  J  A  N
F  E  N  F  A  N  T  S  A  U  C  E  L  V
D  A  É  T  É  L  P  O  B  T  G  J  A  I
É  B  I  W  P  É  O  O  M  E  V  E  D  T
J  D  J  M  O  G  I  W  H  A  T  U  E  A
E  V  O  I  U  U  V  W  V  U  T  X  S  T
U  C  Q  F  L  M  R  T  F  X  D  E  Q  I
N  H  U  K  E  E  E  M  K  R  N  L  S  O
E  A  Y  D  T  S  I  T  J  F  U  T  E  N
R  U  F  A  M  I  L  L  E  G  R  I  L  P
F  D  M  U  S  I  Q  U  E  Z  F  Q  T  T
D  Î  N  E  R  Q  M  P  V  C  U  T  X  X
L  I  P  S  B  F  E  C  N  P  M  O  U  Z
```

DÉJEUNER	JEUX
INVITATION	LÉGUMES
ENFANTS	SAUCE
COUTEAUX	MUSIQUE
FAMILLE	POIVRE
FAIM	CHAUD
POULET	SEL
FRUIT	SALADES
GRIL	TOMATES
DÎNER	ÉTÉ

4 - Pesca

```
B  R  A  N  C  H  I  E  S  B  É  S  L  P
H  G  O  B  R  M  G  D  E  A  Q  A  E  A
T  S  O  P  O  I  D  S  X  T  U  I  X  T
U  I  C  N  C  O  H  N  M  E  I  S  A  I
W  V  U  R  H  Z  C  Z  C  A  P  O  G  E
S  F  I  L  E  S  I  É  V  U  E  N  É  N
M  X  R  E  T  I  X  L  A  A  M  W  R  C
D  Â  E  F  L  E  U  V  E  N  E  I  A  E
H  F  C  V  A  W  L  F  P  K  N  R  T  A
D  U  J  H  C  J  O  W  L  A  T  G  I  U
Y  D  E  U  O  J  Y  U  A  P  N  T  O  V
S  Y  Z  O  N  I  B  U  G  P  C  I  N  Y
N  Y  D  P  V  J  R  B  E  Â  M  I  E  N
V  M  H  L  L  P  N  E  G  T  J  I  A  R
```

EAU	APPÂT
BATEAU	LAC
BRANCHIES	MÂCHOIRE
PANIER	OCÉAN
CUIRE	PATIENCE
ÉQUIPEMENT	POIDS
EXAGÉRATION	PLAGE
FIL	FLEUVE
CROCHET	SAISON

5 - Geologia

```
C C P A É C A L C I U M M C
O O L C X R X U Y U H O I A
U R A I M I O V O L C A N V
C A T D V S Q S E L B I É E
H I E E D T F U I J U D R R
E L A A E A Q O A O Y T A N
Z V U A U Y C S R N E U E
Z O N E Z X J D J S T C X C
C O N T I N E N T I I Z W M
P I E R R E C C C Y C L E S
S T A L A G M I T E S K E R
L A V E B W L R T N T Y T T
N M D C D A X F W N K I U D
S T A L A C T I T E V Z X X
```

ACIDE
COUCHE
CAVERNE
CALCIUM
CYCLES
CONTINENT
CORAIL
CRISTAUX
ÉROSION
STALACTITE

STALAGMITES
FOSSILE
LAVE
MINÉRAUX
PIERRE
PLATEAU
QUARTZ
SEL
VOLCAN
ZONE

6 - Móveis

```
Z  S  U  C  A  Z  M  B  A  N  C  M  M  J
S  F  B  O  Q  K  É  I  D  A  H  T  A  Q
H  D  B  M  B  J  T  B  R  W  Z  P  T  N
M  M  L  M  I  I  A  L  R  O  I  M  E  F
T  C  Q  O  Q  W  G  I  W  O  I  U  L  C
V  C  Z  D  C  B  È  O  F  O  I  R  A  O
B  U  R  E  A  U  R  T  A  R  Y  I  S  U
G  K  C  Z  N  I  E  H  U  E  T  D  E  S
C  Y  X  A  L  W  S  È  T  I  I  E  Q  S
N  H  W  U  N  C  I  Q  E  L  T  A  F  I
T  A  A  M  R  A  A  U  U  L  A  U  U  N
Y  M  D  I  B  R  P  E  I  E  P  X  T  S
Y  A  M  H  S  G  K  É  L  R  I  K  O  L
X  C  L  I  T  E  M  H  B  N  S  L  N  M
```

OREILLER	BIBLIOTHÈQUE
COUSSINS	FUTON
BANC	HAMAC
CHAISE	BUREAU
LIT	FAUTEUIL
MATELAS	ÉTAGÈRES
RIDEAUX	CANAPÉ
COMMODE	TAPIS
MIROIR	

7 - Tempo

```
N I S Z H M F U T U R Z F J
B K E O O A I U K M J C M S
A O M V R S V N R I O N V Y
E M A E L S I A U Y U I G H
K P I O O V C H N T R A S E
O J N W G N M I E T E U M U
M G E C E S I È C L E J A R
M A I N T E N A N T Q O T E
O N D É C E N N I E U U I S
M N G Y Y Q R N W N I R N S
E É M G V X K U Z U M D X H
N E I V Y B O E O I T H W I
T F D S V J K L O T L U J E
S K I X C A L E N D R I E R
```

MAINTENANT	MATIN
ANNÉE	MIDI
AVANT	MOIS
ANNUEL	MINUTE
CALENDRIER	MOMENT
DÉCENNIE	NUIT
JOUR	HIER
FUTUR	HORLOGE
AUJOURD'HUI	SEMAINE
HEURE	SIÈCLE

8 - Astronomia

```
O A S T R O N O M E K X U M
M B A S T R O N A U T E L H
P É S O L A I R E Y J I K T
O T T E R R E U N I V E R S
G N M É R S U P E R N O V A
Y I I V O V J V R H Y Z B G
F L D D Z R A S P P T D Q R
Z U J Q I V E T I L N G L A
M N S J F I N C O S M O S V
U E L É N D R F C I E L H I
M U K I E Z C O D P R W Q T
J P I T P L A N È T E E W É
C O N S T E L L A T I O N A
M É C L I P S E O V O M V X
```

ASTRONAUTE	LUNE
ASTRONOME	MÉTÉORE
CIEL	OBSERVATOIRE
CONSTELLATION	PLANÈTE
COSMOS	SOLAIRE
ÉCLIPSE	SUPERNOVA
FUSÉE	TERRE
GRAVITÉ	UNIVERS

9 - Circo

```
W  É  W  A  C  R  O  B  A  T  E  S  O  N
F  J  L  U  G  O  D  U  N  O  S  P  S  Z
P  N  L  É  T  Y  S  Q  E  I  I  E  A  R
R  H  N  J  P  Z  D  T  F  K  N  C  J  G
M  A  G  I  E  H  N  J  U  S  G  T  M  A
C  L  O  W  N  K  A  O  T  M  E  A  A  N
T  B  O  N  B  O  N  N  C  G  E  C  G  I
R  I  L  I  O  N  Y  G  T  U  L  U  I  M
C  L  G  V  B  A  L  L  O  N  S  L  C  A
N  L  O  R  V  P  C  E  E  X  H  A  I  U
T  E  N  T  E  S  U  U  W  R  M  I  E  X
R  T  R  I  D  P  A  R  A  D  E  R  N  W
S  P  E  C  T  A  T  E  U  R  A  E  C  K
M  U  S  I  Q  U  E  A  S  T  U  C  E  G
```

ACROBATE	SINGE
ANIMAUX	MAGIE
BALLONS	JONGLEUR
BILLET	MAGICIEN
PARADE	MUSIQUE
BONBON	CLOWN
ÉLÉPHANT	TENTE
SPECTATEUR	TIGRE
SPECTACULAIRE	COSTUME
LION	ASTUCE

10 - Acampamento

```
A R F T É C L U N E O T B Y
I V U O S Q A R B R E S O R
F C T V R G U R H N G T U Y
U O S E F Ê P I T P S C S T
F R C A V X T V P E P H S E
E D S Z Z V A M C E X A O N
U E O A N W V V H M M P L T
E P I N D R E L A C O E E E
M Y C I D H N L S A N A N I
D H A M A C T H S N T U A T
X P B A J N U W E O A V T L
U G I U T W R M J Ë G S U R
I B N X S U E U U V N W R L
N I E I N S E C T E E M E N
```

ANIMAUX
AVENTURE
ARBRES
BOUSSOLE
CABINE
CHASSE
CANOË
CHAPEAU
CORDE
ÉQUIPEMENT

FORÊT
FEU
INSECTE
LAC
LUNE
HAMAC
CARTE
MONTAGNE
NATURE
TENTE

11 - Emoções

```
C A L M E F Y Z S C P J A G
S O C E Q U H X K E A J M E
D A N S Y M P A T H I E O N
Z É T T J L T F U V X P U T
S J T I E X C I T É X E R I
U Q L E S N V S O O K U S L
J C S G N F U J B V E R S L
O O Z X T D A A X D A Z P E
I L V E N N U I Y H U V E S
E È N S T R I S T E S S E S
T R A N Q U I L L I T É F E
K E M B A R R A S S É H U Q
R E C O N N A I S S A N T N
T E N D R E S S E D J O O A
```

JOIE
AMOUR
EXCITÉ
GENTILLESSE
CALME
CONTENU
EMBARRASSÉ
RECONNAISSANT
PEUR

PAIX
COLÈRE
DÉTENDU
SATISFAIT
SYMPATHIE
TENDRESSE
ENNUI
TRANQUILLITÉ
TRISTESSE

12 - Ficção Científica

```
D Y S T O P I E M M Q I F H
I L L U S I O N Y O D M A W
T F E U L T R Y S N Q A N R
X E X D V P A Q T D J G T O
F R C J P Q C B É E F I A B
X J I H D U L E R Y U N S O
L K N L N A E X I B T A T T
C W É U T O N P E I U I I S
B I M A N R L L U A R R Q L
P L A N È T E O X B I E U I
E X T R Ê M E S G N S X E V
G A L A X I E I O I T R N R
U T O P I E F O X V E W N E
O K O A L O I N T A I N I S
```

CINÉMA
LOINTAIN
DYSTOPIE
EXPLOSION
EXTRÊME
FANTASTIQUE
FEU
FUTURISTE
GALAXIE
ILLUSION

IMAGINAIRE
LIVRES
MYSTÉRIEUX
MONDE
ORACLE
PLANÈTE
ROBOTS
TECHNOLOGIE
UTOPIE

13 - Mitologia

```
W N K X E S J T D H I Q P P
M O N S T R E A V É E K Y Q
G U E R R I E R L R H U R B
G É M O R T E L M O Z O W T
O C F G G C P I R Ï U E G O
M L O N D R X A F N C S K N
A A R C H É T Y P E E D I N
G I C A T A S T R O P H E E
I R E K C T C U L T U R E R
Q N B N V U L É G E N D E R
U H M U W R H É R O S O I E
E E R V K E C R É A T I O N
I M M O R T A L I T É L C G
L A B Y R I N T H E O N D M
```

ARCHÉTYPE	HÉROS
JALOUSIE	IMMORTALITÉ
CRÉATION	LABYRINTHE
CRÉATURE	LÉGENDE
CULTURE	MAGIQUE
CATASTROPHE	MONSTRE
FORCE	MORTEL
GUERRIER	ÉCLAIR
HÉROÏNE	TONNERRE

14 - Medições

```
H  P  R  O  F  O  N  D  E  U  R  X  Q  S
M  A  S  S  E  K  I  L  O  M  È  T  R  E
P  H  U  C  M  H  K  P  O  U  C  E  G  E
S  D  M  T  G  M  L  O  N  G  U  E  U  R
L  I  T  R  E  K  M  I  N  U  T  E  V  E
G  A  M  X  B  U  M  D  O  U  O  E  O  V
U  R  R  K  U  F  R  S  E  O  N  A  L  T
A  C  U  G  F  I  D  L  G  W  N  L  U  W
P  A  U  R  E  C  M  È  T  R  E  J  M  K
D  E  G  R  É  U  T  M  E  K  A  I  E  H
O  C  T  E  T  K  R  H  D  D  W  M  F  M
K  I  L  O  G  R  A  M  M  E  Z  N  M  M
C  E  N  T  I  M  È  T  R  E  K  M  C  E
O  N  C  E  D  É  C  I  M  A  L  M  Y  L
```

HAUTEUR	MÈTRE
OCTET	MINUTE
CENTIMÈTRE	ONCE
LONGUEUR	POIDS
DÉCIMAL	POUCE
GRAMME	PROFONDEUR
DEGRÉ	KILOGRAMME
LARGEUR	KILOMÈTRE
LITRE	TONNE
MASSE	VOLUME

15 - Plantas

```
A F I N Y B E Q E O F F F F
Q R B J B M A V K W K E L O
M A B A G O P I T T R U O R
N W X R P U O O E Z E I R Ê
F Z J D E S F E U I L L E T
H B K I B S F L E U R L Q S
E A A N S E R R W V G A V E
R M R P É T A L E Y Q G E N
B B U I S S O N F J X E D G
E O R J C A C T U S P O A R
Q U U E B O T A N I Q U E A
R A C I N E T L I E R R E I
V É G É T A T I O N C W Y S
P E I H W U X C W E M C T G
```

BUISSON	FLORE
ARBRE	FORÊT
BAIE	FEUILLE
BAMBOU	FEUILLAGE
BOTANIQUE	LIERRE
CACTUS	JARDIN
HERBE	MOUSSE
HARICOT	PÉTALE
ENGRAIS	RACINE
FLEUR	VÉGÉTATION

16 - Veículos

```
K O Q F Q Y E H K Q S H T M
T A X I E Y Y A O X C É R O
F U S É E R Q D W S O L A T
W V O I T U R E P O O I C E
N A V E T T E Y V U T C T U
Z G O É Q Q P R H S E O E R
A M B U L A N C E M R P U C
P G H F Z O E A Z A T T R A
B A T E A U U V N R L È B R
M É T R O B S I Y I F R V A
R A D E A U V O Q N O E K V
G S O Y A S F N J R J A E A
H W A A U P I H C A M I O N
B O Q R U Y P N B C B A A E
```

AMBULANCE	RADEAU
AVION	SCOOTER
FERRY	MÉTRO
BATEAU	MOTEUR
VÉLO	BUS
CAMION	PNEUS
CARAVANE	SOUS-MARIN
VOITURE	TAXI
FUSÉE	NAVETTE
HÉLICOPTÈRE	TRACTEUR

17 - Restaurante # 2

```
S O U P E E H E G L J Y S T
E A T R R V A T Â L U K E A
E A C F R U I T T S A X R P
B É U O L Z E A E E L C V É
O P I U E V Y Y A D Î N E R
I I L R D É J E U N E R U I
S C L C N O U I L L E S R T
S E È H V Q C C A Q U J Q I
O S R E F I Z H T L T Z J F
N Z E T F R K A M E M C N C
W D A T D É L I C I E U X A
L V K E I F B S S A L A D E
L É G U M E S E Y E K O K I
P O I S S O N M M O L M O P
```

DÉJEUNER	SERVEUR
APÉRITIF	FOURCHETTE
EAU	GLACE
BOISSON	DÎNER
GÂTEAU	LÉGUMES
CHAISE	NOUILLES
CUILLÈRE	POISSON
DÉLICIEUX	SEL
ÉPICES	SALADE
FRUIT	SOUPE

18 - Países #2

```
M G R U S S I E B T H I K Q
D E R S J A M A Ï Q U E U W
A S X È P A K I S T A N K I
N T P I C R B B H L F I H N
E Q F N Q E J P F H A Ï T I
M W G H F U P Z M U B I K G
A L A O S R E I R L A N D E
R E O X H A A T J T Z D O R
K N É P A L M N D E S O U I
J A P O N B E L C L Y N G A
W J S O M A L I E E R É A H
U K R A I N E B U J I S N L
E W N H L I X A Y L E I D M
Y T D D Z E D N U J Q E A R
```

ALBANIE
DANEMARK
FRANCE
GRÈCE
HAÏTI
INDONÉSIE
IRLANDE
JAMAÏQUE
JAPON
LAOS

LIBAN
MEXIQUE
NÉPAL
NIGERIA
PAKISTAN
RUSSIE
SYRIE
SOMALIE
UKRAINE
OUGANDA

19 - Cozinha

```
Z  L  O  U  C  H  E  Q  G  R  G  R  I  L
C  O  N  G  É  L  A  T  E  U  R  E  C  É
É  P  I  C  E  S  E  C  N  Y  O  C  U  P
P  H  L  T  A  E  V  S  L  E  V  E  I  O
F  O  U  R  C  H  E  T  T  E  S  T  L  N
T  F  T  E  D  Z  C  D  Q  I  E  T  L  G
B  O  U  I  L  L  O  I  R  E  P  E  È  E
T  A  S  S  E  S  U  K  M  D  S  O  R  V
S  E  R  V  I  E  T  T  E  Q  Q  B  E  C
C  R  U  C  H  E  E  D  R  A  C  G  S  D
W  C  F  I  D  B  A  G  U  E  T  T  E  S
U  J  I  R  U  O  U  F  O  U  R  N  C  D
E  V  R  T  E  L  X  T  A  B  L  I  E  R
R  É  F  R  I  G  É  R  A  T  E  U  R  J
```

TABLIER
BOUILLOIRE
CUILLÈRES
LOUCHE
TASSES
ÉPICES
ÉPONGE
COUTEAUX
FOUR
CONGÉLATEUR

FOURCHETTES
RÉFRIGÉRATEUR
GRIL
SERVIETTE
POT
CRUCHE
BAGUETTES
RECETTE
BOL

20 - Brinquedos

```
B A L L E F A V O R I B M L
T A M B O U R S É C H E C S
E L T J Q S G V É L O T R N
C H D E D G I L O R O B O T
T A M U A I L A D I H M H V
F S Z X Z U E S E V T C C I
X T L K L P C M I X A U M I
C E R F V O L A N T V L R N
P E I N T U R E C J I H G E
L S K F Y P P Z O A O S O E
Y S M X V É Y W J B N F U I
P R T T V E D C A M I O N H
S A R T I S A N A T P D O Q
U K G L I V R E S D V S E Q
```

ARGILE   VOITURE
ARTISANAT   FAVORI
AVION   JEUX
BATEAU   LIVRES
TAMBOURS   CERF-VOLANT
VÉLO   ROBOT
BALLE   PEINTURE
POUPÉE   ÉCHECS
CAMION

21 - Material de Arte

```
Q D I Q A A C A A L Q B A M
G D I L N R H Q U D J Y C L
C O N J B G E U Z E N C R E
H H M G B I V A E O C O Y N
A A A M Z L A R I S A L L M
I H D R E E L E A U M L I Y
S U T A B L E L G B É E Q K
E I C B R O T L K U R Y U W
N L V R Q X N E V Q A N E Z
R E T R A H F S P A P I E R
P H D Q H Y P A S T E L S Y
I L V G B R O S S E S G D C
N T H S I Y S N Z A D K G I
C O U L E U R S S O E T C T
```

ACRYLIQUE
GOMME
AQUARELLES
ARGILE
EAU
CHAISE
CHARBON
CHEVALET
CAMÉRA

COLLE
COULEURS
BROSSES
CRAYONS
TABLE
HUILE
PAPIER
PASTELS
ENCRE

22 - Números

```
T  Z  J  R  H  Y  Z  A  V  X  F  S  F  K
V  R  W  S  M  R  L  F  Q  L  D  E  U  X
N  B  O  D  I  X  N  E  U  F  É  I  H  I
U  S  V  I  N  G  T  K  A  N  C  Z  U  L
U  K  Z  X  S  I  X  Y  T  K  I  E  I  K
K  B  B  S  E  M  G  X  O  U  M  U  T  F
N  F  S  E  P  J  S  C  R  P  A  I  F  D
A  L  M  P  T  Q  F  M  Z  T  L  V  V  N
C  R  P  T  Z  U  L  E  A  R  Y  B  W
V  Y  W  M  F  A  D  I  X  H  U  I  T  P
K  M  N  O  B  T  S  C  N  I  B  K  A  Y
C  I  N  Q  E  R  G  T  I  Z  É  R  O  A
D  O  U  Z  E  E  T  G  H  A  E  U  Z  J
T  L  K  I  E  U  R  U  T  R  E  I  Z  E
```

CINQ	QUATORZE
DÉCIMAL	QUATRE
DIX	QUINZE
SEIZE	SIX
DIX-SEPT	SEPT
DIX-HUIT	TREIZE
DEUX	TROIS
DOUZE	UN
NEUF	VINGT
HUIT	ZÉRO

23 - Ferramentas

```
C  É  M  A  R  T  E  A  U  H  A  O  C  L
H  C  A  K  W  E  C  M  I  A  G  A  M  W
B  H  I  Z  P  X  T  J  G  C  R  C  C  R
P  E  L  L  E  I  D  D  C  H  A  O  O  V
C  L  L  R  Q  P  N  T  K  E  F  R  U  S
I  L  E  E  U  R  Y  C  I  N  E  D  C  E
S  E  T  A  G  R  A  F  E  U  S  E  O  J
E  R  H  F  A  A  T  W  Q  S  V  F  U  T
A  V  I  S  S  S  C  Â  B  L  E  H  T  P
U  G  S  I  T  O  R  C  H  E  L  X  E  B
X  G  Z  Z  V  I  G  T  H  D  C  I  A  R
O  S  J  A  N  R  C  O  L  L  E  V  U  T
J  X  T  I  A  T  J  S  M  U  J  A  J  D
L  A  Z  H  O  E  B  F  X  S  D  S  H  I
```

PINCES	MAILLET
CÂBLE	MARTEAU
COLLE	RASOIR
CORDE	VIS
ÉCHELLE	PELLE
COUTEAU	ROUE
AGRAFEUSE	CISEAUX
AGRAFE	TORCHE
HACHE	

24 - Especiarias

```
L C O R I A N D R E A R O P
U S A F R A N S A V E U R O
C G I N G E M B R E R S P I
C T L S N Z E H P Z É C R V
A M E R S E X Y C Q G A Z R
I R K P E V L C F O L R M E
G T N C L J A L Y N I D U Y
R D O U X A A N E L S A S F
E Q E R F C U M I N S M C E
F V M R A M Q D S L E O A N
A N A Y O I G N O N L M D O
C N F R B I V W G P N E E U
V I I E N P V E V D M P B I
I R V S V V R Q G X X X C L
```

SAFRAN	OIGNON
RÉGLISSE	CORIANDRE
AIL	CUMIN
AMER	DOUX
ANIS	FENOUIL
AIGRE	GINGEMBRE
VANILLE	MUSCADE
CANNELLE	POIVRE
CARDAMOME	SAVEUR
CURRY	SEL

25 - Aniversário

```
W N T Q M K J H L C B S A T
U G I N Z A U X J L N P P E
I N V I T A T I O N S É P M
G É X U M N Q F U F Y C R P
P Â K P P N H H R W Q I E S
J W T Q D É T R E Z C A N Y
C O C E B E T N E U A L D Y
H Z Y S A G E S S E R E R X
A M J E N U F M F H T E E A
N D G U U J E U N E E C U Z
S G P O G X T N A E S N K X
O K D A M I S T C A D E A U
N C A L E N D R I E R J T E
B O U G I E S X F Ê T E Z Z
```

JOYEUX	JOUR
AMIS	CADEAU
ANNÉE	SPÉCIAL
APPRENDRE	HEUREUX
GÂTEAU	JEUNE
CALENDRIER	NÉ
CHANSON	SAGESSE
CARTES	TEMPS
FÊTE	BOUGIES
INVITATIONS	

26 - Casa

```
J  C  P  O  R  T  E  H  T  J  B  Z  D  C
G  A  L  L  S  V  R  R  A  F  I  P  O  U
R  C  R  Ô  A  A  Q  O  P  E  B  S  U  I
E  X  I  D  T  F  I  B  I  N  L  Y  C  S
N  K  R  C  I  U  O  I  S  Ê  I  K  H  I
I  D  K  H  D  N  R  N  D  T  O  O  E  N
E  C  G  A  R  A  G  E  D  R  T  C  O  E
R  L  I  M  M  N  L  T  V  E  H  L  M  B
S  C  Y  B  U  J  A  K  J  N  È  É  I  A
F  C  V  R  R  T  G  L  K  P  Q  S  R  L
W  C  H  E  M  I  N  É  E  O  U  B  O  A
M  E  U  B  L  E  S  T  T  J  E  Q  I  I
R  I  D  E  A  U  X  R  I  A  P  D  R  C
R  Q  W  U  N  G  O  G  M  I  X  H  X  N
```

BIBLIOTHÈQUE	CHEMINÉE
CLÔTURE	MEUBLES
CLÉS	MUR
DOUCHE	PORTE
RIDEAUX	CHAMBRE
CUISINE	GRENIER
MIROIR	TAPIS
GARAGE	PLAFOND
FENÊTRE	ROBINET
JARDIN	BALAI

27 - Vegetais

```
É  C  H  A  L  O  T  E  O  S  H  J  C  P
C  W  G  A  R  T  I  C  H  A  U  T  A  C
X  H  U  V  V  P  A  T  A  T  E  T  R  I
A  L  A  P  U  C  O  J  B  N  O  O  O  T
U  É  R  M  W  G  R  S  M  K  I  M  T  R
B  P  C  A  P  O  I  S  B  O  O  A  T  O
E  I  O  S  D  I  P  N  Y  I  Y  T  E  U
R  N  N  A  B  I  G  U  G  O  I  E  A  I
G  A  C  L  R  O  S  N  P  E  R  S  I  L
I  R  O  A  O  I  X  N  O  N  M  A  I  L
N  D  M  D  C  G  M  A  L  N  H  B  R  E
E  R  B  E  O  N  Q  V  C  É  L  E  R  I
Q  L  R  A  L  O  M  E  C  E  A  G  X  E
R  A  E  W  I  N  T  T  S  K  U  M  L  T
```

CITROUILLE	CHAMPIGNON
CÉLERI	POIS
ARTICHAUT	ÉPINARD
AIL	GINGEMBRE
PATATE	NAVET
AUBERGINE	CONCOMBRE
BROCOLI	RADIS
OIGNON	SALADE
CAROTTE	PERSIL
ÉCHALOTE	TOMATE

28 - Exploração

```
D  G  A  Z  C  Q  V  N  U  K  H  I  J  R
A  É  C  G  C  U  O  O  L  A  N  G  U  E
N  G  T  B  O  Ê  Y  U  V  S  L  T  D  U
G  A  I  E  U  T  A  V  E  A  O  E  É  N
E  P  V  S  R  E  G  E  I  U  I  R  C  E
R  P  I  P  A  M  E  A  N  V  N  R  O  X
S  R  T  A  G  X  I  U  Z  A  T  A  U  C
A  E  É  C  E  Z  N  N  M  G  A  I  V  I
B  N  J  E  B  Q  C  Z  A  E  I  N  E  T
Y  D  I  W  U  X  O  M  G  T  N  M  R  A
K  R  W  M  R  F  N  Q  F  B  I  Q  T  T
G  E  R  F  A  O  N  N  J  C  E  O  E  I
L  Q  G  I  D  U  U  O  F  M  J  M  N  O
U  E  D  C  I  B  X  X  Z  K  L  P  L  N
```

ANIMAUX	ESPACE
APPRENDRE	EXCITATION
ACTIVITÉ	LANGUE
QUÊTE	NOUVEAU
COURAGE	DANGERS
DÉCOUVERTE	SAUVAGE
INCONNU	TERRAIN
DÉTERMINATION	VOYAGE
LOINTAIN	

29 - Balé

```
L S Q N R É P É T I T I O N
C O M P É T E N C E U E C B
O A R T I S T I Q U E W O A
G R A C I E U X V U V A M L
F A C E X P R E S S I F P L
M P L H R Y T H M E N M O E
D R S G E S T E Y O T U S R
J A F T W S O L O Q E S I I
N T N S Y P T R V J N C T N
E I T S S L S R B E S L E E
C Q D S E U E R E J I E U Z
K U S C P U B L I C T S R C
R E U J G H R F Q I É O M A
M U S I Q U E S H A E M K J
```

ARTISTIQUE
BALLERINE
COMPOSITEUR
DANSEURS
RÉPÉTITION
STYLE
EXPRESSIF
GESTE
GRACIEUX

COMPÉTENCE
INTENSITÉ
MUSCLES
MUSIQUE
ORCHESTRE
PRATIQUE
PUBLIC
RYTHME
SOLO

30 - Conservação

```
R  M  S  A  M  F  C  D  N  É  D  O  M  P
R  V  K  U  S  T  L  R  A  D  U  I  Z  E
T  E  F  S  F  C  I  É  T  U  R  E  H  W
J  R  C  C  Q  U  M  D  U  C  A  P  A  E
W  T  C  Y  Y  Q  A  U  R  A  B  E  B  U
X  Q  T  G  C  C  T  I  E  T  L  S  I  B
S  A  N  T  É  L  L  R  L  I  E  T  T  É
G  A  M  L  E  T  E  E  R  O  M  I  A  N
X  I  D  N  O  D  G  R  W  N  B  C  T  É
P  O  L  L  U  T  I  O  N  C  R  I  R  V
É  C  O  S  Y  S  T  È  M  E  K  D  Y  O
P  N  B  O  R  G  A  N  I  Q  U  E  D  L
X  H  Q  N  O  X  N  G  G  B  K  W  Z  E
P  C  S  H  U  W  S  D  N  L  C  F  S  U
```

EAU
CYCLE
CLIMAT
ÉCOSYSTÈME
ÉDUCATION
HABITAT
NATUREL
ORGANIQUE

PESTICIDE
POLLUTION
RECYCLER
RÉDUIRE
SANTÉ
DURABLE
VERT
BÉNÉVOLE

31 - Adjetivos #1

```
M I N C E L H O N N Ê T E F
J R G F A R O M A T I Q U E
S D R X A A D U H Z U H P X
V P A B B B Q R R V J G A O
I B N W Y S H B D D V I R T
G M D É C O F O N C É D F I
U M P N B L R H Y O N E A Q
U T U O R U X C G X B N I U
O G C R R H F Q R W Q T T E
B M R M A T T R A C T I F Z
P P F E P R A L V P O Q E G
M O D E R N E N E K U U T R
G É N É R E U X T N S E C I
A R T I S T I Q U E T U N J
```

ABSOLU   GRAND
AROMATIQUE   HONNÊTE
ARTISTIQUE   IDENTIQUE
ATTRACTIF   IMPORTANT
ÉNORME   LENT
FONCÉ   MODERNE
EXOTIQUE   PARFAIT
MINCE   LOURD
GÉNÉREUX   GRAVE

32 - Insetos

```
X  L  E  Z  B  A  U  V  C  V  X  O  A  I
M  W  I  A  C  S  Z  A  O  I  Y  G  X  M
B  G  C  B  L  V  U  I  C  G  G  H  R  A
P  U  C  E  E  L  C  U  C  U  S  A  Q  N
P  A  P  I  L  L  O  N  I  Ê  A  S  L  T
C  Q  O  L  J  X  L  P  N  P  U  C  A  E
V  A  F  L  D  S  E  U  E  E  T  A  R  K
Z  Y  F  E  U  V  Q  C  L  X  E  R  V  O
Q  Y  O  A  I  L  E  E  L  E  R  A  E  J
H  H  U  N  R  A  S  R  E  J  E  B  K  D
U  E  R  N  R  D  V  O  O  N  L  É  X  N
R  Q  M  C  U  T  E  N  S  M  L  E  N  K
T  T  I  Z  T  E  R  M  I  T  E  X  E  G
M  O  U  S  T  I  Q  U  E  M  P  K  Z  H
```

ABEILLE
CAFARD
SCARABÉE
PAPILLON
CIGALE
TERMITE
FOURMI
SAUTERELLE
COCCINELLE

LARVE
LIBELLULE
MANTE
VER
MOUSTIQUE
PUCE
PUCERON
GUÊPE

33 - Paisagens

```
Î  L  E  I  Z  P  M  C  O  A  S  I  S  C
V  V  D  C  N  É  A  O  D  É  S  E  R  T
O  N  M  E  R  N  R  L  N  I  I  Q  H  O
L  C  N  B  T  I  A  L  P  T  C  Z  J  L
C  B  Y  E  O  N  I  I  P  T  A  J  A  P
A  E  L  R  Y  S  S  N  T  T  S  G  A  R
N  E  G  G  K  U  M  E  T  T  C  X  N  V
X  F  O  O  G  L  N  M  O  G  A  I  G  E
V  T  L  D  C  E  E  L  U  R  D  I  R  Y
T  A  F  E  L  É  W  H  N  O  E  D  R  T
U  S  E  G  U  X  A  O  D  T  B  S  U  R
D  I  Q  J  C  V  X  N  R  T  A  O  R  N
S  G  P  L  A  G  E  A  A  E  L  A  C  M
V  A  L  L  É  E  G  L  A  C  I  E  R  O
```

CASCADE	MONTAGNE
GROTTE	OASIS
COLLINE	OCÉAN
DÉSERT	MARAIS
GLACIER	PÉNINSULE
GOLFE	PLAGE
ICEBERG	FLEUVE
ÎLE	TOUNDRA
LAC	VALLÉE
MER	VOLCAN

34 - Dança

```
C H O R É G R A P H I E S S
B U H O E R X J O Y E U X I
T K L V J C L A S S I Q U E
C U L T U R E L T G R M M É
Y J Y D U K I A U R É U O M
X L A G O R L R R Â P S U O
R Y T H M E E T E C É I V T
P A R T E N A I R E T Q E I
S V I S U E L D I H I U M O
G A C A D É M I E C T E E N
S F U Y A R B O E L I C N B
R H C T L C Z A H S O K T B
Q P T R A D I T I O N N E L
C O R P S E X P R E S S I F
```

ACADÉMIE
JOYEUX
ART
CLASSIQUE
CHORÉGRAPHIE
CORPS
CULTURE
CULTUREL
ÉMOTION
RÉPÉTITION

EXPRESSIF
GRÂCE
MOUVEMENT
MUSIQUE
PARTENAIRE
POSTURE
RYTHME
SAUT
TRADITIONNEL
VISUEL

35 - Nutrição

```
C T P G M A P P É T I T W A
A L R B F D H B G Q S R M M
L C O M E S T I B L E A Y E
O É T L R A N L S B M S I R
R Q É I M V Q U A L I T É N
I U I Q E E F W T X U W T R
E I N U N U X Y E R M Z F Y
S L E I T R G L U C I D E S
A I S D A O M X Q F I T Y R
U B L E T T X Q F D D X I Z
C R K S I M Q I P O I D S F
E É H F O X G U N F È U M D
S J Y K N G D O I E T W L X
X W J S A N T É T V E D P R
```

AMER	SAUCE
APPÉTIT	NUTRITIF
CALORIES	POIDS
GLUCIDES	PROTÉINES
COMESTIBLE	QUALITÉ
DIÈTE	SAVEUR
ÉQUILIBRÉ	SAIN
FERMENTATION	SANTÉ
LIQUIDES	TOXINE

36 - Disciplinas Científicas

```
A  G  M  S  M  B  S  B  N  C  I  P  M  B
P  É  C  O  L  O  G  I  E  H  M  H  É  I
K  O  P  C  I  T  Z  O  U  I  M  Y  T  O
A  L  S  I  N  A  O  C  R  M  U  S  É  L
R  O  Y  O  G  N  O  H  O  I  N  I  O  O
C  G  C  L  U  I  L  I  L  E  O  O  R  G
H  I  H  O  I  Q  O  M  O  J  L  L  O  I
É  E  O  G  S  U  G  I  G  F  O  O  L  E
O  Z  L  I  T  E  I  E  I  I  G  G  O  D
L  Q  O  E  I  I  E  Y  E  E  I  I  G  F
O  Y  G  G  Q  B  P  U  G  H  E  E  I  M
G  T  I  W  U  A  N  A  T  O  M  I  E  B
I  H  E  D  E  M  É  C  A  N  I  Q  U  E
E  A  S  T  R  O  N  O  M  I  E  P  Q  K
```

ANATOMIE	IMMUNOLOGIE
ARCHÉOLOGIE	LINGUISTIQUE
ASTRONOMIE	MÉCANIQUE
BIOLOGIE	MÉTÉOROLOGIE
BIOCHIMIE	NEUROLOGIE
BOTANIQUE	PSYCHOLOGIE
ÉCOLOGIE	CHIMIE
PHYSIOLOGIE	SOCIOLOGIE
GÉOLOGIE	ZOOLOGIE

37 - Meditação

```
C  P  E  R  S  P  E  C  T  I  V  E  Y  C
L  T  X  T  E  L  I  O  C  F  Z  S  V  P
A  D  W  F  Q  M  É  M  O  T  I  O  N  S
R  C  N  A  C  C  E  P  T  A  T  I  O  N
T  X  W  M  E  N  T  A  L  T  M  G  Z  A
É  P  E  N  S  É  E  S  W  T  E  R  S  T
D  S  I  S  I  U  P  S  L  E  U  A  E  U
J  B  Q  G  P  K  U  I  Y  N  D  T  U  R
P  O  S  T  U  R  E  O  X  T  N  I  Q  E
V  R  Q  G  S  E  I  N  L  I  C  T  D  P
O  B  S  E  R  V  A  T  I  O  N  U  P  T
É  V  E  I  L  L  É  A  O  N  X  D  A  Q
G  E  N  T  I  L  L  E  S  S  E  E  I  G
M  O  U  V  E  M  E  N  T  F  V  Q  X  I
```

ACCEPTATION
ÉVEILLÉ
ATTENTION
GENTILLESSE
CLARTÉ
COMPASSION
ÉMOTIONS
GRATITUDE
MENTAL

ESPRIT
MOUVEMENT
NATURE
OBSERVATION
PAIX
PENSÉES
PERSPECTIVE
POSTURE

38 - Gatos

```
E N G H D G O G P C P T M G
M S F G R I F F E E A I P K
N N O J Y E L F R S T M F X
T P U U K F F B S P T I I S
S Q R D R F O U O I E D U D
B A R K R I Z U N È J E C Q
W K U X Q Ô S I N G D M H L
V A R V T L L S A L F V A K
P O E K A I E E L E I Y S E
Q U E U E G X A I T L D S D
Y S C J Y C E V T L L S E N
C U R I E U X R É U Q V U L
I N D É P E N D A N T B R Z
Z G L E D O R M I R P S M G
```

ESPIÈGLE   INDÉPENDANT
CHASSEUR   FOU
QUEUE   SOURIS
CURIEUX   PATTE
DORMIR   FOURRURE
DRÔLE   PERSONNALITÉ
FIL   SAUVAGE
GRIFFE   TIMIDE

39 - Artes Visuais

```
C E G S C H E V A L E T R C
H F X F C Z A R T I S T E O
E H P I S U F R C L T O S M
F P H L H W L C R A Y O N P
D E O M K L P P G R L P C O
Œ R T C W N O A T U O Q É S
U S O P H D F C T U A P R I
V P G O E O Y F H D R F A T
R E R R F I I O P H G E M I
E C A T I L N R A E I Q I O
B T P R U R T T K S L I Q N
Y I H A C I R E U H E G U X
D V I I V O U P C R A I E W
Y E E T V E R N I S E Z U C
```

ARGILE	FILM
ARTISTE	PHOTOGRAPHIE
STYLO	CRAIE
CHEVALET	CRAYON
CIRE	CHEF-D'ŒUVRE
CÉRAMIQUE	PERSPECTIVE
COMPOSITION	PEINTURE
SCULPTURE	PORTRAIT
POCHOIR	VERNIS

40 - Instrumentos Musicais

```
F  Q  L  H  F  T  Z  A  B  K  V  G  C  T
Z  L  M  A  R  I  M  B  A  T  I  U  L  R
W  C  Û  U  L  B  B  A  N  J  O  I  A  O
U  E  Z  T  Y  A  O  T  L  T  L  T  R  M
C  L  X  B  E  S  W  M  I  A  O  A  I  P
Y  R  W  O  L  S  Q  E  D  M  N  R  N  E
K  Z  V  I  X  O  Z  F  O  B  N  E  E  T
F  N  D  S  P  N  I  U  G  O  N  G  T  T
M  A  N  D  O  L  I  N  E  U  V  T  T  E
O  L  H  K  B  V  P  P  Q  R  U  D  E  F
B  H  A  R  M  O  N  I  C  A  R  V  P  L
T  R  O  M  B  O  N  E  A  H  A  R  P  E
P  E  R  C  U  S  S  I  O  N  G  X  W  Y
T  A  M  B  O  U  R  I  N  Y  O  V  Z  S
```

MANDOLINE   HAUTBOIS
BANJO   TAMBOURIN
CLARINETTE   PERCUSSION
BASSON   PIANO
FLÛTE   TAMBOUR
HARMONICA   TROMBONE
GONG   TROMPETTE
HARPE   GUITARE
MARIMBA   VIOLON

41 - Escola #1

```
Q C R A Y O N C H A I S E U
M U Z X Y D A L P H A B E T
A A I Z J G K W D L A I V R
R T Q Z V O O I É S P B X B
Q X A M I S M C J M P L N V
U K R É P O N S E S R I S E
E V W M I L Z F U P E O D Y
U B E N S E I G N A N T O A
R K X O B O L V E P D H S L
S I A M G U T Q R I R È S M
C H M B W T R Y L E E Q I U
W E E R M X L E C R S U E C
O J N E M A T H A Q X E R M
D E S S T Y L O S U R Z S G
```

ALPHABET
DÉJEUNER
AMIS
APPRENDRE
BIBLIOTHÈQUE
CHAISE
DES STYLOS
EXAMENS
CRAYON
LIVRES

MARQUEURS
MATH
BUREAU
NOMBRES
PAPIER
DOSSIERS
ENSEIGNANT
QUIZ
RÉPONSES

42 - Adjetivos #2

```
C O I C A E Z Z A D S A L É
É D N O U V E A U V O W B U
L E T Z U N O R M A L U B M
È S É W Z H B N H U F Y É Q
B C R É A T I F F T L P É G
R R E K O F C N O H I R L V
E I S H N A T U R E L O É S
Z P S F I E R K T N H D G A
L T A I Z A B V L T H U A I
Q I N Y L O X V N I S C N N
D F T B S E O W E Q M T T Z
C H A U D G H M G U M I R I
S A U V A G E B S E C F T N
P U R E S P O N S A B L E P
```

AUTHENTIQUE	NOUVEAU
CRÉATIF	FIER
DESCRIPTIF	PRODUCTIF
DOUÉ	PUR
ÉLÉGANT	CHAUD
CÉLÈBRE	RESPONSABLE
FORT	SALÉ
INTÉRESSANT	SAIN
NATUREL	SEC
NORMAL	SAUVAGE

43 - Roupas

```
H  W  P  Y  J  A  M  A  H  H  L  J  C  T
C  H  A  U  S  S  E  T  T  E  S  E  H  A
E  L  N  Y  P  M  S  K  C  B  Q  A  A  B
I  S  T  Q  T  U  J  Q  B  R  E  N  P  L
N  G  A  N  T  S  L  I  X  A  C  S  E  I
T  D  L  N  E  G  T  L  X  C  H  G  A  E
U  U  O  C  D  C  J  U  P  E  A  U  U  R
R  C  N  H  R  A  W  D  I  L  U  A  C  M
E  P  R  E  J  X  L  R  P  E  S  V  O  A
C  H  E  M  I  S  I  E  R  T  S  E  L  N
U  O  Q  I  F  D  R  H  S  T  U  S  L  T
A  Q  U  S  E  B  R  O  O  V  R  T  I  E
L  X  T  E  H  P  G  J  B  R  E  E  E  A
L  C  C  D  C  M  O  D  E  E  O  U  R  U
```

TABLIER	GANTS
CHEMISIER	CHAUSSETTES
PANTALON	MODE
CHEMISE	PYJAMA
MANTEAU	BRACELET
CHAPEAU	JUPE
CEINTURE	SANDALES
COLLIER	CHAUSSURE
VESTE	PULL
JEANS	ROBE

44 - Herbalismo

```
C B M F F L E U R K K X E F
H O A B A S I L I C Z U S E
J Q R I P R K O T L H O T N
A U J I L K J G R H P E R O
I A O L A V A N D E Y F A U
L L L G N N R P N W T M G I
D I A H T O D V E R T W O L
K T I E E U I R S R C G N R
L É N O J O N A E X S G Y O
T G E E O C M S J C A I K M
A R O M A T I Q U E F B L A
E I F V C S A V E U R A C R
I N G R É D I E N T A H J I
B É N É F I Q U E F N H P N
```

SAFRAN	JARDIN
ROMARIN	LAVANDE
AIL	BASILIC
AROMATIQUE	MARJOLAINE
BÉNÉFIQUE	PLANTE
CORIANDRE	QUALITÉ
ESTRAGON	SAVEUR
FLEUR	PERSIL
FENOUIL	THYM
INGRÉDIENT	VERT

45 - Frutas

```
J Z U T J O Z O A M C M X P
C U B D K E T R Q A E Û G Ê
M H Q U M H U A P N R R X C
N E C T A R I N E G I E P H
V R E G C H L G U U S P N E
K T B D S B K E P E E B O A
W I F I G U E Y B O D P I N
P X W S A V O C A T M H X A
D P U I O U P I N K O M D N
V A B R I C O T A O G L E A
P P V A Q C I R N Q W A C S
R A I S I N R O E M D J O X
U Y V H K E E N K H W U C Z
A E F R A M B O I S E Z O H
```

AVOCAT

ANANAS

MÛRE

BAIE

BANANE

CERISE

NOIX DE COCO

ABRICOT

FIGUE

FRAMBOISE

KIWI

ORANGE

CITRON

POMME

PAPAYE

MANGUE

NECTARINE

POIRE

PÊCHE

RAISIN

46 - Corpo Humano

```
R D C X T L W A O E U Q E M
N O O E E X C Q J Z K Y F V
G I É E R X L U A G T Q R C
B G P R A V F G M E N T O N
H T A C O U E M B N E M N C
W T U N E G M A E O Z N T H
C U L U I G Â I U U D T G E
S Œ E V L K C N S X T S Q V
W G U U Q B H Y N C Ê A U I
K G F R T X O U V N T N W L
C G L F T N I U U D E G F L
B C W V F U R P C O U D E E
O R E I L L E B F H A Q N O
P E A U J L F C C R E L C K
```

BOUCHE	OEIL
TÊTE	ÉPAULE
CERVEAU	OREILLE
CŒUR	PEAU
COUDE	JAMBE
DOIGT	COU
GENOU	MENTON
MÂCHOIRE	SANG
MAIN	FRONT
NEZ	CHEVILLE

47 - Restaurante #1

```
D C O U T E A U C H X F A Y
R E N P P P O B A Z D C L Z
P V S E R V I E T T E A L O
S Y E S S M E N U C O F E K
C Y R P E A B A K P É É R Q
U E V A W R U O V C P A G T
I H E I P X T C L K I R I H
S P U N A H H K E H C I E P
I O S L C Z R Z V L É A W G
N U E R Q U C A I S S I E R
E L R É S E R V A T I O N G
A E J T N J Z A N J W K R A
A T P I N G R É D I E N T S
Y X E W A S S I E T T E B Y
```

ALLERGIE	INGRÉDIENTS
CAFÉ	MENU
CAISSIER	SAUCE
VIANDE	PAIN
CUISINE	ÉPICÉ
COUTEAU	ASSIETTE
POULET	RÉSERVATION
SERVEUSE	DESSERT
SERVIETTE	BOL

48 - Caminhada

```
D C P C A M P I N G Y E A B
A A L I L O U R D O J A H O
N R S F E S U K Y R U U D T
G T M A M R I C L I M A T T
E E É T U U R W L E O N E E
R M T I J V O E B N N I M S
S L É G V N A J S T T M D X
O J O U X Z W G I A A A U J
L K F É X M Q U E T G U W U
F A L A I S E I E I N X R Y
S O L E I L Z D C O E O V A
P A R C S O J E Q N L J Z O
N A T U R E O S N L S I L H
P R É P A R A T I O N P A W
```

CAMPING
ANIMAUX
EAU
BOTTES
FATIGUÉ
CLIMAT
GUIDES
CARTE
MONTAGNE
NATURE

ORIENTATION
PARCS
PIERRES
FALAISE
DANGERS
LOURD
PRÉPARATION
SAUVAGE
SOLEIL
MÉTÉO

49 - Água

```
I  R  R  I  G  A  T  I  O  N  G  P  V  F
U  G  J  N  T  V  Y  I  T  N  L  O  A  L
C  R  M  O  U  S  S  O  N  V  A  T  P  E
H  A  C  N  D  G  E  L  A  C  C  A  E  U
U  C  N  D  W  J  D  R  G  E  E  B  U  V
M  E  Z  A  E  A  Q  U  E  T  O  L  R  E
I  K  B  T  L  O  W  D  Y  F  A  E  O  D
D  I  Q  I  A  A  O  O  S  E  O  N  S  J
I  P  V  O  V  A  G  U  E  S  U  U  P  K
T  C  L  N  Z  Y  E  C  R  N  E  I  G  E
É  L  U  U  M  N  H  H  V  A  C  H  F  O
M  R  G  I  I  G  M  E  F  H  G  D  R  A
O  C  É  A  N  E  T  E  A  L  X  A  W  V
É  V  A  P  O  R  A  T  I  O  N  P  N  W
```

CANAL	LAC
PLUIE	MOUSSON
DOUCHE	NEIGE
ÉVAPORATION	OCÉAN
OURAGAN	VAGUES
GEL	POTABLE
GLACE	FLEUVE
GEYSER	HUMIDITÉ
INONDATION	VAPEUR
IRRIGATION	

50 - Sons

```
C H U C H O T E R T C L R F
Z G S L L W S C K K O Q G W
O A T I G O É C H O N H T H
O T M T F Y C I D F C V F C
N Z Q V S F G H U X E I C Z
R G É M I R L P E T R B H T
É T F O R T P E N Q T R Œ O
P K L T È I O Q T S Q A U U
É Z C X N B R U Y A N T R X
T T U T E J F E C T M I V C
I F R É S O N N A N T O W D
T A P P L A U D I R M N X I
I F D C W M P V O I X G G Y
F X Q N Q X S G H V C U N F
```

FORT
SIFFLET
APPLAUDIR
CONCERT
CHŒUR
ÉCHO
GÉMIR
RÉPÉTITIF
RÉSONNANT

RIRE
BRUYANT
CLOCHE
SIRÈNES
CHUCHOTER
TOUX
VIBRATION
VOIX

51 - Ecologia

```
D M A R A I S A C Y T D Q D
C U M O N T A G N E S R P I
O V R F P L V S U A B B L V
M É E A H H N A T U R E A E
M G S U B G M M R W E E N R
U É S N B L F C L I M A T S
N T O E E O E L U T É M E I
A A U U W B P Q O F Y T S T
U T R E M A R I N R H G É É
T I C R X L A F V N E E P L
É O E H A B I T A T O G X R
S N S É C H E R E S S E V R
W G F Z R Q N A T U R E L Y
R A I O S U R V I E R A X M
```

CLIMAT
COMMUNAUTÉS
DIVERSITÉ
FAUNE
FLORE
GLOBAL
HABITAT
MARIN
MONTAGNES
NATUREL

NATURE
MARAIS
PLANTES
RESSOURCES
SÉCHERESSE
SURVIE
DURABLE
VARIÉTÉ
VÉGÉTATION

52 - Família

```
P X T Q N V N N F R È R E M
H X H G F I L L E I D E J C
M A T E R N E L M V I G P H
U E M A H N R W M R E V A W
V N V Q R P N L E S R U T Y
C P E T I T F I L S L O E J
V O O N C L E Y L B W F R S
I G U G R A N D M È R E N A
M C T S Z C B W L N X N E N
E M A R I S O E U R X F L C
S E N F A N C E P M A A D Ê
U T T O G F L D W È Z N V T
L S E N F A N T S R R T D R
N I È C E J U R G E D E T E
```

ANCÊTRE	MATERNEL
GRAND-MÈRE	MÈRE
ENFANT	PETIT-FILS
ENFANTS	PÈRE
FEMME	PATERNEL
FILLE	COUSIN
ENFANCE	NIÈCE
SOEUR	NEVEU
FRÈRE	TANTE
MARI	ONCLE

53 - Férias #2

```
R E S T A U R A N T Î K P V
J P A S S E P O R T L D Y A
V Y T O U Q H P S A E K L C
A X J Z B É O D U X J J Y A
L C M M N G T A U I R S F N
W A É R O P O R T F Z V Z C
U R D C U N S X A Y I I E E
P T G W F F T Q A N T S I S
N E Q W Y P L A G E G A M Z
V O Y A G E T G G T R E A U
T R A N S P O R T N E S R M
M H Ô T E L K N O M E N U E
R É S E R V A T I O N S T R
L O I S I R T Q Q E F M P E
```

AÉROPORT	PASSEPORT
ÉTRANGER	PLAGE
VACANCES	RÉSERVATIONS
PHOTOS	RESTAURANT
HÔTEL	TAXI
ÎLE	TENTE
LOISIR	TRANSPORT
CARTE	VOYAGE
MER	VISA
MONTAGNES	

54 - Edifícios

```
S  A  C  H  H  R  I  H  F  T  V  R  Y  V
T  U  S  I  N  E  R  Ô  E  I  E  O  Q  N
H  É  T  B  N  Q  U  T  R  E  F  N  J  N
É  C  A  H  I  É  S  E  M  C  H  I  T  I
Â  O  D  B  L  R  M  L  E  O  O  J  F  E
T  L  E  C  J  G  R  A  N  G  E  F  Y  Q
R  E  B  F  H  A  M  B  A  S  S  A  D  E
E  C  I  M  D  Â  E  X  N  M  J  N  A  P
L  A  B  O  R  A  T  O  I  R  E  O  D  T
H  Ô  P  I  T  A  L  E  G  A  R  A  G  E
N  V  U  V  O  S  Y  H  A  O  A  R  W  C
U  V  O  W  U  K  J  Y  L  U  N  G  N  Y
S  U  P  E  R  M  A  R  C  H  É  T  P  J
M  U  S  É  E  V  H  A  P  A  Z  M  O  E
```

CHÂTEAU	HÔPITAL
GRANGE	HÔTEL
CINÉMA	LABORATOIRE
AMBASSADE	MUSÉE
ÉCOLE	SUPERMARCHÉ
STADE	THÉÂTRE
FERME	TENTE
USINE	TOUR
GARAGE	

55 - Praia

```
P  K  I  Z  Q  D  S  A  N  D  A  L  E  S
A  C  J  V  U  W  V  O  I  L  I  E  R  L
R  I  E  V  F  O  D  F  L  B  P  R  C  I
A  P  F  M  X  G  Q  E  I  E  J  S  S  M
P  G  M  N  E  V  Î  R  É  C  I  F  E  A
L  J  B  L  E  U  L  Y  U  W  O  L  R  J
U  L  A  G  U  N  E  D  O  C  K  I  M  P
I  M  T  J  C  S  E  R  V  I  E  T  T  E
E  A  E  H  C  R  S  A  B  L  E  A  L  O
O  C  A  R  H  R  A  P  M  U  D  Y  A  C
Z  I  U  C  Ô  T  E  B  N  O  X  J  C  É
R  M  S  D  F  V  K  Z  E  H  U  G  W  A
T  M  S  G  B  X  O  D  S  X  I  R  B  N
B  O  O  M  P  K  R  W  F  D  J  D  J  S
```

SABLE   LAGUNE
BLEU   MER
BATEAU   OCÉAN
CRABE   RÉCIF
CÔTE   SANDALES
DOCK   SOLEIL
PARAPLUIE   SERVIETTE
ÎLE   VOILIER

56 - Xadrez

```
C  T  D  A  F  U  S  P  Z  R  E  N  I  A
O  O  M  D  X  P  A  U  A  V  E  O  E  K
N  U  F  V  G  P  C  O  P  S  U  I  W  C
C  R  C  E  D  E  R  J  P  T  S  R  Z  W
O  N  P  R  I  O  I  J  R  R  E  I  N  E
U  O  O  S  A  Q  F  O  E  A  X  O  F  G
R  I  I  A  G  K  I  U  N  T  R  O  I  D
S  V  N  I  O  Q  C  E  D  É  J  O  D  W
D  J  T  R  N  J  E  U  R  G  F  T  N  A
Q  É  S  E  A  U  C  R  E  I  C  T  P  T
W  G  F  B  L  A  N  C  C  E  H  E  P  N
N  L  K  I  R  È  G  L  E  S  I  M  Q  N
W  V  C  R  S  N  Y  M  B  P  U  P  B  I
I  C  H  A  M  P  I  O  N  Z  G  S  E  F
```

APPRENDRE
BLANC
CHAMPION
CONCOURS
DÉFIS
DIAGONAL
STRATÉGIE
JOUEUR
JEU
ADVERSAIRE

PASSIF
POINTS
NOIR
REINE
RÈGLES
ROI
SACRIFICE
TEMPS
TOURNOI

57 - Aventura

```
D A O N A T U R E L N V R M
I C P N I N H A B I T U E L
F H P J O I E B E A U T É S
F A O P M U A C T I V I T É
I N R H R N V P I O V F P C
C C T V Z É E E X Y R E T U
U E U R U O P P A C Q Q I R
L F N A I W K A U U B P K I
T F I M E X C U R S I O N T
É F T I T I N É R A I R E É
P O É S D É F I S U T G A Z
M R X D E S T I N A T I O N
S W B D A N G E R E U X O G
E N T H O U S I A S M E F N
```

JOIE
AMIS
ACTIVITÉ
BEAUTÉ
CHANCE
DÉFIS
DESTINATION
DIFFICULTÉ
ENTHOUSIASME

EXCURSION
INHABITUEL
ITINÉRAIRE
NATURE
NOUVEAU
OPPORTUNITÉ
DANGEREUX
PRÉPARATION
SÉCURITÉ

58 - Floresta Tropical

```
J F S C O M M U N A U T É R
I U B U H C W M M A W I Z E
L N N A R N O J A B A N C F
T H D G S V Z F M E D S K U
Q A Q I L A I R M S I E G G
J M G A G E M E I P V C N E
L P H A J È U S F È E T U C
M H W C E L N P È C R E A L
O I S E A U X E R E S S G I
U B M U Q B P C E W I Z E M
S I Y O D N R T S H T J R A
S E A D N A T U R E É U E T
E N P R É S E R V A T I O N
W S B O T A N I Q U E Y E E
```

AMPHIBIENS
BOTANIQUE
CLIMAT
COMMUNAUTÉ
DIVERSITÉ
ESPÈCE
INDIGÈNE
INSECTES
MAMMIFÈRES

MOUSSE
NATURE
NUAGE
OISEAUX
PRÉSERVATION
REFUGE
RESPECT
JUNGLE
SURVIE

59 - Cidade

```
S U P E R M A R C H É I F Z
X A K É E U S G B B L D L E
F X B C I S W N A V I H E B
R A A O T É Z Z N U B K U I
P E T L U E S O Q L R I R B
N H S E H L T O U O A S I L
V C A T H G A L E R I E S I
H I L R A W D N Z V R B T O
Ô N O M M U E P G A I Q E T
T É N O Q A R M D E E N Y H
E M M X E A C A Q E R R Z È
L A C O O H A I N I D I Q Q
A É R O P O R T E T R V E U
T H É Â T R E M A R C H É E
```

AÉROPORT	ZOO
BANQUE	LIBRAIRIE
BIBLIOTHÈQUE	MARCHÉ
CINÉMA	MUSÉE
ÉCOLE	BOULANGERIE
STADE	RESTAURANT
PHARMACIE	SALON
FLEURISTE	SUPERMARCHÉ
GALERIE	THÉÂTRE
HÔTEL	

60 - Matemática

```
T R I A N G L E O L Q W C P
J C A N G L E S H J S T I A
Q Z R P O L Y G O N E L R R
N U J S Y M É T R I E P C A
V G K U S Z B A N J D U O L
D É C I M A L R A Y O N N L
Q O D E Y U M S E X A O F È
P M M I X L R N P S V C É L
X É C E A P K I U W O A R E
B T X U I M O G I U L R E S
K R Y K W X È S Z F U R N O
V I K L G N L T A M M É C M
S E I I L F S U R N E D E M
É Q U A T I O N D E T C M E
```

ANGLES
CIRCONFÉRENCE
DÉCIMAL
DIAMÈTRE
ÉQUATION
EXPOSANT
GÉOMÉTRIE
NOMBRES

PARALLÈLE
POLYGONE
CARRÉ
RAYON
SYMÉTRIE
SOMME
TRIANGLE
VOLUME

61 - Natureza

```
T A N I M A U X O C P P A N
D R B R O U I L L A R D R W
V É O U L M B K É B F B C M
L I S P A J O Z R E O E T V
A I T E I I Z W O I R A I G
B M M A R C D Z S L Ê U Q L
R N E U L T A F I L T T U A
I U V L I G O L O E N É E C
P A I S I B L E N S M D S I
H G I E C S A U V A G E E E
R E J J N M N V N Q C L R R
B M K Q V B J E R Y G G E W
S A N C T U A I R E Q I I Z
H D Y N A M I Q U E V F N M
```

ABEILLES
ABRI
ANIMAUX
ARCTIQUE
BEAUTÉ
DÉSERT
DYNAMIQUE
ÉROSION
FORÊT
GLACIER

BROUILLARD
NUAGE
PAISIBLE
FLEUVE
SANCTUAIRE
SAUVAGE
SEREIN
TROPICAL
VITAL

62 - Preencher

```
V J P R E Z K A M P B H F P
O X O O N N E F S V A S E L
J U T I C R V A L I S E Y A
W B U Q B H S E Y F S P V T
E P B W O F E S L J I M B E
O T E T Î Z P W A O N I O A
N O S I T I D P T C P Y U U
G X W R E P A Q U E T P T Y
H G D O S S I E R V M I E J
N A V I R E M C Z O V C I O
J Z F R P A N I E R D A L D
S I Q S Y U U H P E M J L U
B A R I L U P B R A R P E O
T A F C X J R R A G X I G F
```

BASSIN
SEAU
PLATEAU
BARIL
POCHE
BOÎTE
PANIER
ENVELOPPE
BOUTEILLE

TIROIR
POT
VALISE
NAVIRE
PAQUET
DOSSIER
SAC
TUBE
VASE

63 - Animais de Estimação

```
P  C  H  A  T  O  N  G  R  A  C  I  O  G
L  E  S  L  C  N  H  R  L  H  H  V  P  B
É  U  R  N  L  A  P  I  N  L  I  É  D  C
Z  S  I  R  S  E  H  F  J  Q  O  T  M  H
A  K  C  Y  O  G  F  F  S  X  T  É  R  A
R  V  O  H  P  Q  U  E  U  E  D  R  G  T
D  E  Z  P  È  M  U  S  O  U  R  I  S  O
E  O  N  S  R  V  Q  E  P  Z  G  N  F  R
C  O  L  L  I  E  R  V  T  O  A  A  W  T
H  D  T  X  I  O  Y  E  A  U  X  I  N  U
I  F  V  Y  J  B  A  S  Q  C  H  R  K  E
E  L  G  F  W  J  R  N  V  X  H  E  E  J
N  I  M  K  R  X  L  S  T  X  C  E  R  R
H  A  M  S  T  E  R  P  O  I  S  S  O  N
```

EAU	CHAT
CHÈVRE	HAMSTER
CHIOT	LÉZARD
QUEUE	SOURIS
CHIEN	PERROQUET
LAPIN	POISSON
COLLIER	TORTUE
GRIFFES	VACHE
CHATON	VÉTÉRINAIRE

64 - Escalada

```
A F O R C E C A S Q U E I D
T L É R K R A K J T K X H T
M S T A B I L I T É T P G E
O L R I Q X C G O Q J E B R
S B O T T E S I Q Z M R P R
P W I U C U R I O S I T É A
H T T G G W D É F I S N V I
È L W G R U J E X J F H Q N
R A N D O N N É E G X X H J
E H S W T P W I C U A N A M
B X P X T K U A A I H N H J
I A Q U E K Z N R D T Q T L
P H Y S I Q U E T E S V V S
H Y T M T R A K E S Y E V X
```

ALTITUDE
ATMOSPHÈRE
BOTTES
RANDONNÉE
CASQUE
GROTTE
CURIOSITÉ
DÉFIS
EXPERT

STABILITÉ
ÉTROIT
PHYSIQUE
FORCE
GUIDES
GANTS
CARTE
TERRAIN

65 - Aviões

```
H I S T O I R E F W D P A W
D A I R A H I A U Z I A E M
C E U G O J S L L V R S K J
I O S T G Q C T C É E S M G
E X N C E I Q I B Q C A H N
L N G S E U G T A U T G Y L
F V O M T N R U L I I E D T
B L N R W R T D L P O R R M
D X F A S E U E O A N W O O
Q R L H T B A C N G V G G T
A V E N T U R E T E F N È E
H X R E P N S C E I J I N U
C A R B U R A N T Y O J E R
P I L O T E B A T O E N D Z
```

ALTITUDE

HAUTEUR

AIR

AVENTURE

BALLON

CIEL

CARBURANT

CONSTRUCTION

DESCENTE

DIRECTION

HYDROGÈNE

HISTOIRE

GONFLER

MOTEUR

PASSAGER

PILOTE

ÉQUIPAGE

66 - Tipos de Cabelo

```
M A R R O N S A I N P M C V
I R O N B O U C L E S G O O
N G R O N D U L É S H T L B
C E G I C H A U V E E A O R
E N F R I S É P A I S C R I
T T B L I O L W S J E C É L
R T L U L S H F M J G U A L
E F J C C B Y R S G N U O A
S K I M T L L S Q I U N R N
S D Y U R A O O L U H I J T
E S O K E N N V N Q T C X I
S Q X Z S C G A R D O U X D
K B W G S Y X Y L Y A F E Q
U U L B É Q N E X K J X Q S
```

BLANC
BRILLANT
BOUCLES
CHAUVE
GRIS
COLORÉ
FRISÉ
MINCE
ÉPAIS
BLOND

LONG
MARRON
ONDULÉ
ARGENT
NOIR
SAIN
SEC
DOUX
TRESSÉ
TRESSES

67 - Formas

```
J Z N F Z Q Z A Y Y C R K B
L V Y T V B K N N T O Ô I Y
A A C A R R É R B U U F T J
H Y P E R B O L E Q R L O É
W Z Y B S C D L I A B B V P
D C R C O I N A Q G E E A R
R E A Q D O O Z C Ô N E L I
W R M S P H È R E W K E E S
R C I P O L Y G O N E J V M
Z L D Z Q R E C T A N G L E
Y E E L L I P S E Q R O K M
C Y L I N D R E C U B E H K
X T R I A N G L E H Z H F L
X Q T T P W O E A D U J Q Z
```

ARC	CÔTÉ
COIN	LIGNE
CYLINDRE	OVALE
CERCLE	PYRAMIDE
CÔNE	POLYGONE
CUBE	PRISME
COURBE	CARRÉ
ELLIPSE	RECTANGLE
SPHÈRE	TRIANGLE
HYPERBOLE	

68 - Dias e Meses

```
F C N H B E I S S N L A Z V
É Z P N S W K J E U D I U H
V E N D R E D I P M C H A M
R O C T O B R E T D A D Z O
I S N K B G J H E É L I F I
E J A N N É E I M C E M N S
R A A M J U I N B E N A O E
W N V I E P V M R M D N V J
J V R Y P D T F E B R C E U
W I I U C U I B K R I H M I
U E L U N D I A M E E E B L
N R Z G P M T O L T R A R L
E W D X Y P U Û W S K O E E
O G B U N W H T M A R D I T
```

AVRIL	MOIS
AOÛT	NOVEMBRE
ANNÉE	OCTOBRE
CALENDRIER	JEUDI
DÉCEMBRE	SAMEDI
DIMANCHE	LUNDI
FÉVRIER	SEMAINE
JANVIER	SEPTEMBRE
JUILLET	VENDREDI
JUIN	MARDI

69 - Geografia

```
M C Y N N U U N I T P O C P
É O S R F O C É A N X N A P
R N G R W O R Y Q V Y A R Q
I T M O N D E D T Z I F T L
D I F J X X M Q T F Î L E T
I N H É M I S P H È R E L F
E E Z Q E O A L T I T U D E
N N M D R Q N H G Y L V O K
G T I O Y S C T Q R W E D U
L A T I T U D E A É Z L P C
Y F V O U D M Q T G T F A E
Y O O P B W O K L I N R Y Q
O U E S T U W I A O X E S L
N E A T O V Y N S N J J Z X
```

ALTITUDE   MONTAGNE
ATLAS   MONDE
VILLE   NORD
CONTINENT   OCÉAN
HÉMISPHÈRE   OUEST
ÎLE   PAYS
LATITUDE   RÉGION
CARTE   FLEUVE
MER   SUD
MÉRIDIEN

70 - Antártica

```
P  K  T  E  M  P  É  R  A  T  U  R  E  O
M  I  G  R  A  T  I  O  N  B  E  U  X  K
C  O  N  S  E  R  V  A  T  I  O  N  P  S
I  G  W  G  B  A  I  E  A  U  V  Y  É  F
Z  L  W  R  O  C  H  E  U  X  Y  E  D  C
W  A  B  N  I  U  Q  X  Q  O  Z  P  I  O
S  C  I  E  N  T  I  F  I  Q  U  E  T  N
S  E  Î  P  É  N  I  N  S  U  L  E  I  T
F  G  L  A  C  I  E  R  S  I  Y  Z  O  I
F  B  E  H  R  I  Z  Q  U  O  Q  S  N  N
G  Q  S  T  I  M  I  N  É  R  A  U  X  E
Q  L  K  H  Q  M  E  J  L  Z  W  F  Z  N
I  R  K  T  U  B  X  W  B  M  O  G  C  T
U  Q  K  I  E  C  H  E  R  C  H  E  U  R
```

EAU	ÎLES
BAIE	CHERCHEUR
SCIENTIFIQUE	MIGRATION
CONSERVATION	MINÉRAUX
CONTINENT	PÉNINSULE
CRIQUE	PINGOUINS
EXPÉDITION	ROCHEUX
GLACIERS	TEMPÉRATURE
GLACE	

71 - Flores

```
R  L  T  U  L  I  P  E  P  D  M  M  J  P
Q  T  W  J  O  R  C  H  I  D  É  E  P  É
J  A  G  Q  P  P  I  S  S  E  N  L  I  T
L  I  L  A  S  O  D  Q  M  T  M  Y  V  A
M  A  R  G  U  E  R  I  T  E  A  S  O  L
R  B  V  K  F  T  Z  J  D  O  M  X  I  E
B  O  F  A  F  B  F  X  A  Y  H  H  N  M
O  G  S  H  N  D  N  G  E  S  T  I  E  A
U  U  N  E  O  D  D  U  D  T  M  B  R  G
Q  T  O  U  R  N  E  S  O  L  U  I  M  N
U  J  O  N  Q  U  I  L  L  E  L  S  N  O
E  V  G  A  R  D  É  N  I  A  S  C  D  L
T  P  L  U  M  E  R  I  A  S  H  U  C  I
B  P  A  V  O  T  R  È  F  L  E  S  X  A
```

BOUQUET	MARGUERITE
PISSENLIT	JONQUILLE
GARDÉNIA	ORCHIDÉE
TOURNESOL	PAVOT
HIBISCUS	PIVOINE
JASMIN	PÉTALE
LAVANDE	PLUMERIA
LILAS	ROSE
LYS	TRÈFLE
MAGNOLIA	TULIPE

72 - Fazenda #1

```
E  U  H  C  P  G  S  K  E  H  R  U  M  L
C  A  K  H  A  I  I  Q  C  V  B  H  T  X
H  Y  U  I  L  D  M  Q  W  O  A  L  I  B
A  Q  H  E  Y  D  Q  B  L  F  Q  V  R  E
M  B  W  N  F  M  P  G  C  O  C  H  O  N
P  V  E  W  Q  O  Z  W  P  I  H  T  V  G
J  T  M  I  E  L  N  Y  K  N  A  C  A  R
H  Z  U  C  L  Ô  T  U  R  E  T  H  C  A
I  C  C  P  S  L  B  V  E  I  I  È  H  I
E  H  C  O  R  B  E  A  U  Â  Z  V  E  S
V  E  A  U  S  H  Y  U  V  N  Y  R  N  I
W  V  S  L  M  B  B  T  C  E  B  E  E  X
I  A  X  E  S  S  W  B  X  C  U  N  T  V
I  L  B  T  T  R  O  U  P  E  A  U  F  P
```

ABEILLE	CORBEAU
RIZ	FOIN
EAU	ENGRAIS
VEAU	POULET
ÂNE	CHAT
CHÈVRE	MIEL
CHAMP	COCHON
CHEVAL	TROUPEAU
CHIEN	VACHE
CLÔTURE	

73 - Livros

```
F H Y P Q U I U B P D X L D
X G M E A L C B X A J Z E U
E F W R K P Y M O G W R C A
H I S T O R I Q U E P R T L
N I É I R P I Z E F H X E I
A N R N C O N T E X T E U T
R V I E F È M S V P N K R É
R E E N D M P A W B W K K P
A N R T B E O U N Q F W A I
T T L I T T É R A I R E U Q
E I H V L W S C G H I J T U
U F Q K X N I J R P V J E E
R J C O L L E C T I O N U K
A V E N T U R E X H T I R N
```

AUTEUR
AVENTURE
COLLECTION
CONTEXTE
DUALITÉ
ÉCRIT
ÉPIQUE
HISTORIQUE
INVENTIF

LECTEUR
LITTÉRAIRE
NARRATEUR
PAGE
POÈME
POÉSIE
PERTINENT
ROMAN
SÉRIE

74 - Chocolate

```
Q U A L I T É U S R K C K D
D K R R D O U X A V W A I É
P A T A Ô R X A V U C C N L
D N I N S M R M E O G A G I
H T S O S S E E U D B H R C
L I A I M U C R R O O U É I
I O N X P C E C G B D È D E
E X A D O R T E A V E T I U
I Y L E U E T L D C S E E X
P D P C D A E G J D A S N A
F A V O R I G O Û T G O T O
B N X C E X O T I Q U E F X
E T K O S C A R A M E L O J
D Y C A L O R I E S E N T U
```

SUCRE
AMER
CACAHUÈTES
ANTIOXYDANT
ARÔME
ARTISANAL
CACAO
CALORIES
CARAMEL
NOIX DE COCO

DÉLICIEUX
DOUX
EXOTIQUE
FAVORI
GOÛT
INGRÉDIENT
POUDRE
QUALITÉ
RECETTE
SAVEUR

75 - Profissões #2

```
C I D É T E C T I V E J F Q
H B N A S T R O N A U T E B
I I I G E N S E I G N A N T
R O L H É J A R D I N I E R
U L L Q X N M É D E C I N Y
R O U G P H I L O S O P H E
G G S I H V X E P O M R L E
I I T R M T R T U I N E N Y
E S R K H L A A M R L N L T
N T A D E N T I S T E O E H
V E T L I N G U I S T E T B
S W E P E I N T R E Z L T E
H Y U A G R I C U L T E U R
E V R T C I N V E N T E U R
```

AGRICULTEUR   ILLUSTRATEUR
ASTRONAUTE   INVENTEUR
BIOLOGISTE   JARDINIER
CHIRURGIEN   LINGUISTE
DENTISTE   MÉDECIN
DÉTECTIVE   PILOTE
INGÉNIEUR   PEINTRE
PHILOSOPHE   ENSEIGNANT

76 - Fazenda #2

```
Y  I  B  T  W  P  P  N  B  L  Z  Q  I  K
U  Q  S  D  Q  H  R  O  U  É  R  O  Q  C
L  N  L  X  E  D  D  É  J  G  U  S  K  A
A  Z  G  U  F  T  T  M  M  U  C  R  M  M
M  G  A  O  F  M  R  J  B  M  H  U  C  P
A  F  N  C  A  N  A  R  D  E  E  Z  R  Z
O  R  G  E  W  Z  C  A  N  I  M  A  U  X
M  U  M  L  A  I  T  M  A  Ï  S  Û  Y  V
X  I  O  T  Q  U  E  B  E  R  G  E  R  E
K  T  U  T  N  H  U  B  L  É  L  Y  T  R
X  Q  T  G  C  G  R  A  N  G  E  N  F  G
N  K  O  I  R  R  I  G  A  T  I  O  N  E
C  M  N  A  G  R  I  C  U  L  T  E  U  R
N  W  J  N  Q  X  H  X  W  A  J  Y  T  K
```

AGRICULTEUR	MÛR
ANIMAUX	MAÏS
GRANGE	MOUTON
ORGE	BERGER
RUCHE	CANARD
AGNEAU	VERGER
FRUIT	PRÉ
IRRIGATION	TRACTEUR
LAIT	BLÉ
LAMA	LÉGUME

77 - Jardim

```
É  N  G  B  V  V  E  A  G  H  P  E  F  E
B  T  B  A  D  C  D  K  J  G  W  G  R  S
U  E  A  G  R  H  A  M  A  C  G  J  N  K
I  R  N  N  J  A  Z  T  R  L  Y  C  T  K
S  R  C  U  G  S  G  H  D  Ô  C  X  R  O
S  A  A  P  E  L  H  E  I  T  U  Y  A  U
O  S  L  R  R  J  S  R  N  U  G  Q  M  H
N  S  O  L  B  N  F  B  K  R  Z  U  P  P
V  E  R  G  E  R  L  E  O  E  I  V  O  O
I  Z  Â  X  F  P  E  L  O  U  S  E  L  R
G  Y  T  Z  L  D  U  X  J  B  K  M  I  C
N  K  E  A  T  S  R  O  G  S  E  Q  N  H
E  P  A  W  K  Z  X  Q  E  Y  Z  L  E  E
S  G  U  Y  P  E  L  L  E  T  A  S  D  K
```

RÂTEAU	ÉTANG
BUISSON	HAMAC
ARBRE	TUYAU
BANC	PELLE
CLÔTURE	VERGER
FLEUR	SOL
GARAGE	TERRASSE
HERBE	TRAMPOLINE
PELOUSE	PORCHE
JARDIN	VIGNE

78 - Oceano

```
X G L K Z E Z Q M G M U P P
H U Î T R E B B A T E A U O
V J V U R R A C R Q E U T I
E U K T U V L M É D U S E S
R É P O N G E L E J O I L S
É C O R J S I Q S S N J D O
C O U T L J N Q D K E U P N
I R L U A I E R X V V L X H
F A P E V Z G T E M P Ê T E
K I E D A U P H I N R N M X
X L P Z G K J O C R A B E C
H L M T U K A N G U I L L E
L Y C R E V E T T E T V O U
X S K G S R E Q U I N K Y C
```

THON
BALEINE
BATEAU
CREVETTE
CRABE
CORAIL
ANGUILLE
ÉPONGE
DAUPHIN
MARÉES

MÉDUSE
VAGUES
HUÎTRE
POISSON
POULPE
RÉCIF
SEL
TORTUE
TEMPÊTE
REQUIN

79 - Profissões #1

```
Z H E O J C J P A A O J Q H
X S W T O H H I P M A R I N
A R T I S T E A B B Y B J S
É D I T E U R N S A I I I C
P O M P I E R I G S B J N I
A V O C A T Z S É S E O F E
C R N E P Y B T O A Y U I N
Z M S V N X R E L D T T R T
P L O M B I E R O E M I M I
D A N S E U R O G U U E I F
B A N Q U I E R U R F R È I
A S T R O N O M E O E V R Q
H P S Y C H O L O G U E E U
C G N C A R T O G R A P H E
```

AVOCAT	ÉDITEUR
ARTISTE	AMBASSADEUR
ASTRONOME	PLOMBIER
BANQUIER	INFIRMIÈRE
POMPIER	GÉOLOGUE
CHASSEUR	BIJOUTIER
CARTOGRAPHE	MARIN
SCIENTIFIQUE	PIANISTE
DANSEUR	PSYCHOLOGUE

80 - Campeonato

```
J  P  E  R  F  O  R  M  A  N  C  E  S  E
T  E  M  X  F  M  D  T  Y  X  M  W  T  I
E  O  U  F  N  Z  V  I  C  T  O  I  R  E
N  E  U  X  J  E  A  B  F  X  T  M  A  Y
T  N  B  R  G  U  R  V  I  B  I  X  T  Y
R  D  U  T  N  S  G  I  N  G  V  N  É  C
A  U  B  Y  L  O  T  E  A  U  A  P  G  J
Î  R  M  É  D  A  I  L  L  E  T  O  I  S
N  A  M  Z  F  T  F  I  I  I  I  I  E  B
E  N  K  K  Z  F  D  G  S  P  O  R  T  S
U  C  V  R  J  A  Y  U  T  V  N  G  C  F
R  E  P  I  L  F  V  E  E  G  Q  J  Z  C
C  H  A  M  P  I  O  N  N  A  T  A  E  P
C  H  A  M  P  I  O  N  É  Q  U  I  P  E
```

CHAMPION	JUGE
CHAMPIONNAT	LIGUE
PERFORMANCE	MÉDAILLE
ÉQUIPE	MOTIVATION
SPORTS	ENDURANCE
STRATÉGIE	TOURNOI
FINALISTE	ENTRAÎNEUR
JEUX	VICTOIRE

81 - Castelos

```
F  F  C  N  N  C  A  T  A  P  U  L  T  E
É  O  F  J  O  P  A  L  A  I  S  Z  C  C
O  R  G  U  B  R  R  A  R  B  E  Z  Q  H
D  T  I  R  L  I  J  I  O  O  É  P  É  E
A  E  O  T  E  N  G  T  N  U  Y  K  B  V
L  R  M  U  R  C  N  N  R  C  S  L  I  A
D  E  P  X  R  E  O  C  V  L  E  O  F  L
Y  S  D  R  A  G  O  N  M  I  N  S  B  L
N  S  A  P  L  U  M  D  W  E  W  J  S  Q
A  E  A  R  V  D  C  O  U  R  O  N  N  E
S  M  W  Z  M  R  O  Y  A  U  M  E  F  V
T  I  R  Q  Q  U  L  I  C  O  R  N  E  S
I  G  X  P  C  D  R  V  R  T  I  X  O  S
E  M  P  I  R  E  J  E  M  P  G  Y  N  O
```

ARMURE	EMPIRE
CATAPULTE	NOBLE
CHEVAL	PALAIS
COURONNE	MUR
DYNASTIE	PRINCESSE
DRAGON	PRINCE
BOUCLIER	ROYAUME
ÉPÉE	TOUR
FÉODAL	LICORNE
FORTERESSE	

82 - Escola # 2

```
S  L  C  L  P  C  F  B  T  Q  N  Y  W  K
A  E  I  Z  I  R  R  G  I  P  W  G  P  Z
C  C  S  J  N  V  O  A  K  D  V  T  W  O
À  T  E  E  P  X  R  V  Y  G  Y  R  K  W
D  U  A  U  T  A  H  E  I  O  M  A  T  H
O  R  U  X  D  A  C  X  S  S  N  Y  H  Q
S  E  X  X  S  I  Y  P  A  P  I  E  R  Y
I  É  D  U  C  A  T  I  O  N  M  O  A  Q
B  I  B  L  I  O  T  H  È  Q  U  E  N  X
S  T  A  Q  E  F  B  U  R  D  V  Z  W  S
O  R  D  I  N  A  T  E  U  R  Q  W  W  L
B  U  D  I  C  T  I  O  N  N  A  I  R  E
S  N  E  X  E  N  S  E  I  G  N  A  N  T
C  A  L  E  N  D  R  I  E  R  H  J  F  Z
```

BIBLIOTHÈQUE   LECTURE
CALENDRIER   LIVRES
SCIENCE   MATH
ORDINATEUR   SAC À DOS
DICTIONNAIRE   PAPIER
ÉDUCATION   ENSEIGNANT
JEUX   PROVISIONS
CRAYON   CISEAUX

83 - Abelhas

```
U W D I V E R S I T É F R F
I P L A N T E S L M P L U R
É C O S Y S T È M E O E C U
N L W N R T E T Y F L U H I
D R W M I E L C N F L R E T
Z X L R O L I L T L E S X S
H A B I T A T N N E N I N O
P K G F H U O H E U S O Y L
C G N P U E W J A R D I N E
C H C D T M H C I K W E J I
I O H N F Q É Z L V F V C L
R N X R D W H E E S S A I M
E Q D D U F X H S L G S Y Q
B É N É F I Q U E U E W G K
```

AILES	FUMÉE
BÉNÉFIQUE	HABITAT
CIRE	INSECTE
RUCHE	JARDIN
DIVERSITÉ	MIEL
ÉCOSYSTÈME	PLANTES
ESSAIM	POLLEN
FLEUR	REINE
FLEURS	SOLEIL
FRUIT	

84 - Banheiro

```
B F V Q C M Q R P B V P R Y
H P M H G L I Q Q V B A K V
R K I Q O O R R I Q D R Y I
M É O R G T F O O W T F E K
D P I O Q I Z E B I Y U M A
T O K G O O Q A T I R M B H
O N U E L N M U R A N W L C
I G D C C I S E A U X E C D
L E T X H B U L L E S X T B
E B U Z S E R V I E T T E A
T J B D A C E I X S A L O I
T F T G V A P E U R P W Q N
E L E D O T S Z C L I R Z K
D C N R N M T U I C S B K M
```

EAU	PARFUM
TOILETTE	SAVON
BAIN	TAPIS
BULLES	CISEAUX
DOUCHE	SERVIETTE
MIROIR	ROBINET
ÉPONGE	VAPEUR
LOTION	

85 - Ciência

```
F A T O M E L I Q O M M N P
O P C H I M I Q U E S I A A
S H Y P O T H È S E O N T R
S Y D C L I M A T B O É U T
I S O T X C F F S E R R R I
L I N W T B T A D H G A E C
E Q N Y W C O I K A A U G U
I U É V O L U T I O N X R L
H E E M É T H O D E I E A E
M B S P L A N T E S S W V S
M O L É C U L E S U M X I K
L A B O R A T O I R E Y T N
S C I E N T I F I Q U E É Z
O B S E R V A T I O N C P R
```

ATOME
SCIENTIFIQUE
CLIMAT
DONNÉES
ÉVOLUTION
FAIT
PHYSIQUE
FOSSILE
GRAVITÉ
HYPOTHÈSE

LABORATOIRE
MÉTHODE
MINÉRAUX
MOLÉCULES
NATURE
OBSERVATION
ORGANISME
PARTICULES
PLANTES
CHIMIQUE

86 - Cores

```
U  B  F  C  M  I  K  C  Y  A  N  A  M  B
I  H  U  W  P  M  A  R  R  O  N  D  A  H
E  C  C  W  K  Y  V  A  O  H  S  Z  G  Y
S  G  H  N  J  F  Y  M  S  S  B  H  E  H
N  V  S  Z  H  F  Y  O  U  T  E  H  N  X
O  V  I  O  L  E  T  I  G  R  I  S  T  M
Q  R  A  W  W  F  M  S  V  T  G  X  A  J
B  L  A  N  C  L  K  I  J  E  E  U  M  C
L  C  P  N  S  É  P  I  A  F  R  L  E  S
X  C  F  O  G  O  E  L  U  X  I  T  P  A
C  A  F  I  V  E  W  E  N  G  U  B  M  L
N  L  L  R  H  Q  B  L  E  U  H  L  N  S
A  Y  K  R  O  U  G  E  I  A  D  C  Y  V
I  F  S  B  L  C  U  H  F  K  Q  Q  W  T
```

JAUNE	MAGENTA
BLEU	MARRON
BEIGE	NOIR
BLANC	ROSE
CRAMOISI	VIOLET
CYAN	SÉPIA
GRIS	VERT
FUCHSIA	ROUGE
ORANGE	

87 - Comida #1

```
P P A Q S C L A I T T W M B
L F Y W T A B R I C O T R K
I E K M A R A A I L I O K A
S U C R E O T C C U G R N C
C G K S E T I H S C N G Y D
E D V Y C T N I O D O E F Y
J Q C U V E T D U N N K A G
É P I N A R D E P P L S G B
Q R T F K G Â T E A U A K A
S Z R D R C A N N E L L E S
K N O G R A N A V E T A Y I
P V N J U S I A J R B D F L
N J T E I D K S E L H E K I
A T D G U T U T E S R P S C
```

SUCRE
AIL
ARACHIDE
THON
GÂTEAU
CANNELLE
OIGNON
CAROTTE
ORGE
ABRICOT

ÉPINARD
LAIT
CITRON
BASILIC
FRAISE
NAVET
SEL
SALADE
SOUPE
JUS

88 - Pássaros

```
P  L  V  N  K  E  M  W  I  O  C  A  C  M
R  I  J  H  É  R  O  N  A  E  I  F  O  A
W  P  G  M  T  T  I  A  U  F  G  E  R  N
I  T  L  E  E  O  N  O  T  T  O  P  B  C
P  R  H  K  O  R  E  E  R  T  G  É  E  H
J  E  G  Q  Z  N  A  U  U  P  N  L  A  O
P  O  U  L  E  T  U  F  C  E  E  I  U  T
G  F  J  K  C  M  Z  T  H  R  C  C  M  T
Q  O  D  C  C  Y  G  N  E  R  O  A  O  O
X  P  F  L  A  M  A  N  T  O  U  N  U  U
V  U  I  U  I  N  D  M  A  Q  C  O  E  C
X  B  H  Q  G  V  A  N  A  U  O  V  T  A
P  A  O  N  L  G  X  R  L  E  U  G  T  N
N  G  V  E  E  K  Z  H  D  T  K  O  E  I
```

AUTRUCHE	HÉRON
AIGLE	OEUF
CIGOGNE	PERROQUET
CYGNE	MOINEAU
CORBEAU	CANARD
COUCOU	PAON
FLAMANT	PÉLICAN
POULET	MANCHOT
MOUETTE	PIGEON
OIE	TOUCAN

89 - Virtudes #1

```
I X M C O J S U Z P P I Q G
N X O U T L A T A R A M G W
D E D R O I G I D A S A C B
É F E I A A E L S T S G B L
P F S E C R O E X I I J G
E I T U A O T R S Q O N A É
N C E X B O N I V U N A D N
D A H L Z J V F S E N T R É
A C Y A O E G I I T É I Ô R
N E U P R O P R E A I F L E
T O D D U M K C H W N Q E U
U T U S Y I A R J K G T U X
D É C I S I F N A Q U E X E
U W O Z P T P A T I E N T R
```

PASSIONNÉ   GÉNÉREUX
ARTISTIQUE   IMAGINATIF
BON   INDÉPENDANT
CONFIANT   PROPRE
CURIEUX   MODESTE
DÉCISIF   PATIENT
EFFICACE   PRATIQUE
CHARMANT   SAGE
DRÔLE   UTILE

90 - Literatura

```
V  S  I  D  I  A  L  O  G  U  E  A  R  B
Y  T  Y  X  E  O  P  I  N  I  O  N  Y  I
S  M  X  H  V  S  X  Q  A  U  H  A  T  O
A  É  K  W  F  I  C  T  I  O  N  L  H  G
N  T  A  G  L  G  C  R  R  I  O  Y  M  R
E  A  Q  T  S  X  I  I  I  A  E  S  E  A
C  P  R  D  L  P  X  M  A  P  P  E  I  P
D  H  O  R  C  K  U  E  U  S  T  S  H  H
O  O  M  E  A  G  X  M  T  T  T  I  X  I
T  R  A  A  S  T  M  V  E  H  S  Y  O  E
E  E  N  L  U  O  E  B  U  È  J  B  L  N
P  O  È  M  E  Z  C  U  R  M  A  W  N  E
A  N  A  L  O  G  I  E  R  E  V  B  C  G
C  O  M  P  A  R  A  I  S  O  N  T  S  Y
```

ANALOGIE	FICTION
ANALYSE	MÉTAPHORE
ANECDOTE	NARRATEUR
AUTEUR	OPINION
BIOGRAPHIE	POÈME
COMPARAISON	RIME
DESCRIPTION	RYTHME
DIALOGUE	ROMAN
STYLE	THÈME

91 - Clima

```
B O P T O N N E R R E P L T
R X U O V E N T H T W A H O
O L I R L S O M D U F P O R
U U E P A A C Z T C I E L N
I O E L N G I A G L A C E A
L S R G N Y A R Q I T K A D
L M T P Z T É N E M M W R E
A T R O P I C A L A O T C M
R S N S E C L C L T S E E O
D R U H I L A V W D P M N U
T D A Z L K I T G Q H P C S
N K G H R B R I S E È Ê I S
B J E M G F V T E P R T E O
S É C H E R E S S E E E L N
```

ARC-EN-CIEL
ATMOSPHÈRE
BRISE
CIEL
CLIMAT
OURAGAN
GLACE
MOUSSON
BROUILLARD
NUAGE

POLAIRE
ÉCLAIR
SÉCHERESSE
SEC
TEMPÊTE
TORNADE
TROPICAL
TONNERRE
VENT

92 - Tecnologia

```
O X S T G J S F I C H I E R
C R E C H E R C H E V N S S
A K D O N N É E S K I T T É
M O R I L A L Q A F R E A C
É C R A N O V N L T U R T U
R V L M I A G I Q F S N I R
A S B L O G T I G F O E S I
D M E S S A G E C A C T T T
V I R T U E L T U I T S I É
U D E S Y R A X R R E E Q I
I F Z G B E V G S X T L U W
I K M O C P N B E N S X E R
P O L I C E W U U Z A B S N
K D O A N U M É R I Q U E W
```

FICHIER   INTERNET
BLOG   MESSAGE
OCTETS   NAVIGATEUR
CAMÉRA   RECHERCHE
ORDINATEUR   SÉCURITÉ
CURSEUR   LOGICIEL
DONNÉES   ÉCRAN
NUMÉRIQUE   VIRTUEL
STATISTIQUES   VIRUS
POLICE

93 - Arte

```
S D I C A X N E P Y U F T V
U É C É C E A I G O W A Y H
R P E R S O N N E L É K Q G
R E P A I O D S H E N S W C
É I E M M R M P A U C I I F
A N I I P I C I B S M C Z E
L D N Q L G O R A U Y E J C
I R T U E I M É É J Y A U O
S E U E C N P Y X E V T K R
M W R F F A L V U T R D F M
E E E B A L E H O N N Ê T E
E G S S H R X F I G U R E T
S Y M B O L E V I S U E L V
S C U L P T U R E O B O G B
```

CÉRAMIQUE   PERSONNEL
COMPLEXE   PEINTURES
CRÉER   POÉSIE
SCULPTURE   DÉPEINDRE
FIGURE   SIMPLE
HONNÊTE   SYMBOLE
HUMEUR   SUJET
INSPIRÉ   SURRÉALISME
ORIGINAL   VISUEL

94 - Dinossauros

```
Q D A Z Q T K S U N N X F P
U E R L R E P T I L E Q O R
E V K G F R S A Z M O H S É
U F R F N R K P R O I E S H
E F S G L E S F È G N R I I
É N O R M E K C S C W B L S
O K M A M M O U T H E I E T
R M W N T A I L L E A V S O
A T N D É V O L U T I O N R
P P U I S S A N T J L R T I
A Q I N V Y S W Q Y E E V Q
C P Z R N O C Y O U S Q A U
E D I S P A R I T I O N E E
V I C I E U X E T C M K F X
```

AILES	OMNIVORE
QUEUE	PUISSANT
DISPARITION	PROIE
ÉNORME	PRÉHISTORIQUE
ESPÈCE	RAPACE
ÉVOLUTION	REPTILE
FOSSILES	TAILLE
GRAND	TERRE
HERBIVORE	VICIEUX
MAMMOUTH	

95 - Esportes

```
A  D  Z  J  P  T  G  N  G  M  I  E  Y  C
R  T  O  A  E  B  I  H  O  C  K  E  Y  H
D  M  H  D  Y  U  A  C  L  X  V  U  U  A
B  H  L  L  U  F  A  S  F  E  I  G  J  M
A  D  K  K  È  J  O  U  E  U  R  Z  A  P
S  T  A  D  E  T  Q  M  G  B  E  I  W  I
K  É  Q  U  I  P  E  O  A  N  A  D  T  O
E  W  O  K  Z  D  J  U  G  W  R  L  G  N
T  E  N  N  I  S  U  V  N  W  B  S  L  N
B  Y  B  U  Y  F  F  E  A  X  I  Y  B  A
A  C  K  L  N  F  H  M  N  X  T  U  M  T
L  A  M  U  B  N  F  E  T  T  R  K  U  E
L  G  I  W  G  Y  M  N  A  S  E  U  D  B
V  É  L  O  P  U  C  T  A  M  K  X  H  P
```

ATHLÈTE	GAGNANT
ARBITRE	GYMNASE
BASKET-BALL	GOLF
BASE-BALL	HOCKEY
VÉLO	JOUEUR
CHAMPIONNAT	JEU
ÉQUIPE	MOUVEMENT
STADE	TENNIS

96 - Comida # 2

```
O Z F G C I P F C O E A D K
B A N A N E O R H F T V A I
P R C L U N U O A B L É U W
Q O T E K U L M M R O O B I
G E I G R F E A P O M M E Y
K U K S B I T G I C H J R Q
B F K W S Z S E G O V B G O
E N M G A O S E N L K D I F
A T N K E C N E O I W U N R
C H O C O L A T N I W K E A
S J Z M Y A O U R T Y W B I
L S J J A M B O N R I Z K S
Q B F A R T I C H A U T I I
O C N X N E E A M A N D E N
```

ARTICHAUT	YAOURT
AMANDE	KIWI
RIZ	POMME
BANANE	OEUF
AUBERGINE	POISSON
BROCOLI	JAMBON
CERISE	FROMAGE
CHOCOLAT	TOMATE
CHAMPIGNON	BLÉ
POULET	RAISIN

97 - Barcos

```
U F Y M E R R K W C L X Z A
D B N A V A G U E S O V F N
N K B O C É A N J Z G W Z C
M A R É E H W B M D L L D R
C A N O Ë F T O N R H A O E
M C R A D E A U A W I Y C G
V H B I H R E É U E J Z K D
T Z A C N R O E T S C A H N
Z Y Y R Y Y T Y I E H K M I
K T F L E U V E Q U L U T K
L N W A M O T E U R C H P J
B W V E C O R D E I C N Q H
M Â T N D S É Q U I P A G E
M X K A Y A K W Q M C R P F
```

ANCRE	MER
FERRY	MARÉE
BOUÉE	MARIN
KAYAK	MÂT
CANOË	MOTEUR
CORDE	NAUTIQUE
DOCK	OCÉAN
YACHT	VAGUES
RADEAU	FLEUVE
LAC	ÉQUIPAGE

98 - Piratas

```
É C P U V W U A Y A É P S B
Q E A Î L E J D P H P I A O
U M P P C A R T E X É È V U
I A E F I G Q B S G E C E S
P U R N A T E T H R S E N S
A V R S V R A U D O R S T O
G A O C M É L I A T A R U L
E I Q U I S L H N T B I R E
X S U J D O L É G E N D E E
A O E Y Q R J W E P R H U M
N E T O C É A N R W L R K H
C I C A T R I C E D P A M C
R T M D V C O U E D X Q G E
E V Q H Z F Q S W B Y K N E
```

AVENTURE
ANCRE
BOUSSOLE
CAPITAINE
GROTTE
CICATRICE
ÉPÉE
ÎLE
LÉGENDE
CARTE

MAUVAIS
PIÈCES
OCÉAN
OR
PERROQUET
DANGER
PLAGE
RHUM
TRÉSOR
ÉQUIPAGE

99 - Mamíferos

```
Y V E U S T C K I R C D G T
I U A Z D C H A M E A U I E
G O R I L L E N S N S X R P
R M C Z D L V G F A T F A S
A S O O I I A O K R O Q F I
M I Y U Q V L U Z D R L E S
T N O É T A U R E A U A L C
V G T E L O M O I O M P A B
Q E E H A É N U H T C I T A
Z È B R E D P C H A T N M L
J M P D A U P H I N S L B E
W P Y S G X A I A T K I W I
C L O U P C U E X N L O U N
N J H A I V B N G J T N W E
```

BALEINE	GIRAFE
CHAMEAU	DAUPHIN
KANGOUROU	GORILLE
CASTOR	LION
CHEVAL	LOUP
CHIEN	SINGE
LAPIN	MOUTON
COYOTE	RENARD
ÉLÉPHANT	TAUREAU
CHAT	ZÈBRE

100 - Atividades e Lazer

```
J  R  B  F  S  T  J  R  P  V  S  O  I  V
A  A  C  O  U  R  S  E  A  N  V  R  D  W
R  N  A  O  X  P  V  M  S  K  J  N  M  K
D  D  A  T  I  E  P  V  S  P  Ê  C  H  E
I  O  N  B  B  A  S  K  E  T  B  A  L  L
N  N  P  A  Q  W  G  N  T  E  A  M  L  Z
A  N  K  L  R  C  M  P  E  N  S  P  A  P
G  É  N  L  O  E  F  C  M  N  E  I  D  E
E  E  Q  Z  Y  N  L  F  P  I  B  N  S  I
X  R  M  N  N  T  G  A  S  S  A  G  F  N
V  O  Y  A  G  E  O  É  X  L  L  A  R  T
H  U  J  G  Q  Q  L  U  E  A  L  X  T  U
V  Z  U  E  D  H  F  P  U  A  N  Y  X  R
U  Y  K  R  S  U  R  F  F  X  R  T  S  E
```

CAMPING	JARDINAGE
ART	PLONGÉE
BASKET-BALL	NAGER
BASE-BALL	PÊCHE
BOXE	PEINTURE
RANDONNÉE	RELAXANT
COURSE	SURF
FOOTBALL	TENNIS
GOLF	VOYAGE
PASSE-TEMPS	

1 - Dirigindo

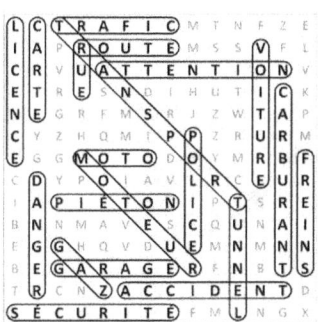

2 - Atividades

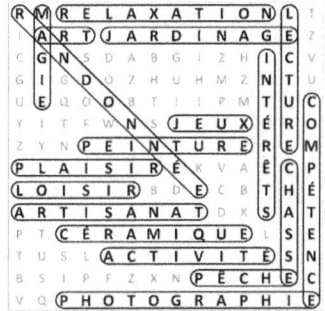

3 - Churrascos

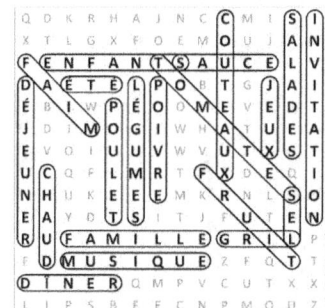

4 - Pesca

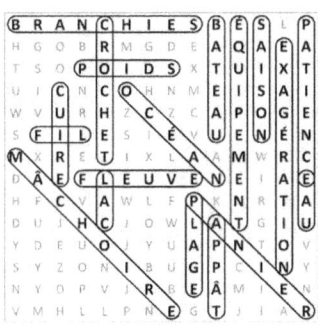

5 - Geologia

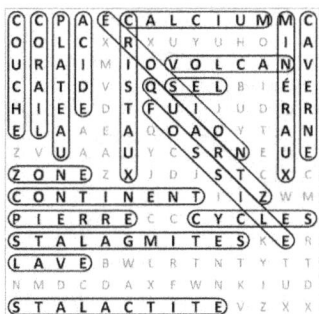

6 - Móveis

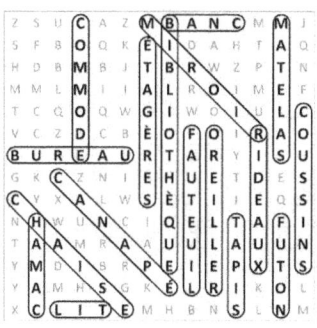

7 - Tempo

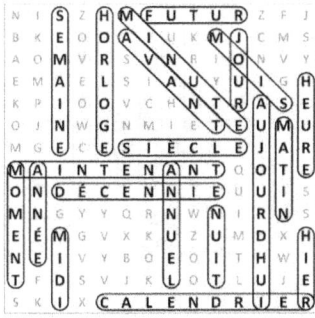

8 - Astronomia

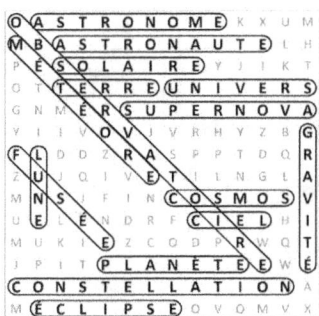

9 - Circo

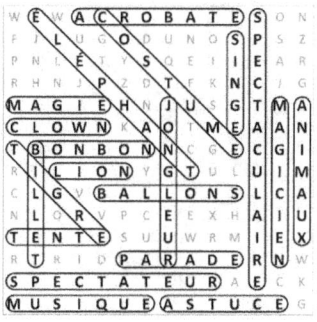

10 - Acampamento

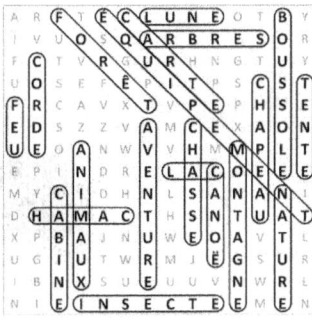

11 - Emoções

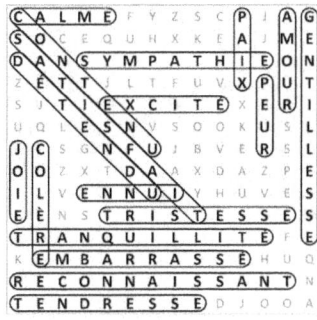

12 - Ficção Científica

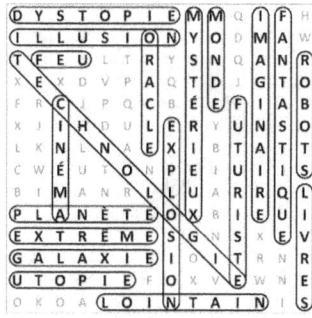

13 - Mitologia

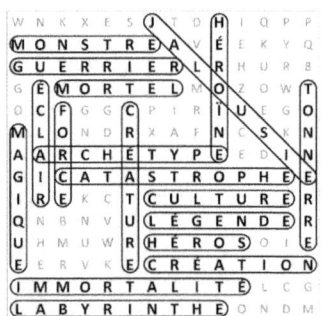

14 - Medições

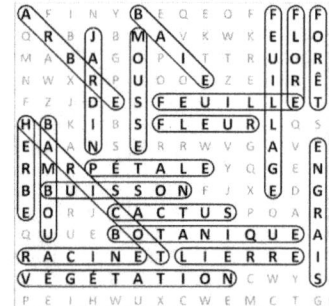

15 - Plantas

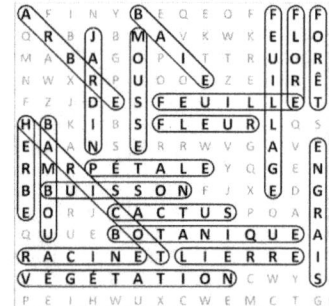

16 - Veículos

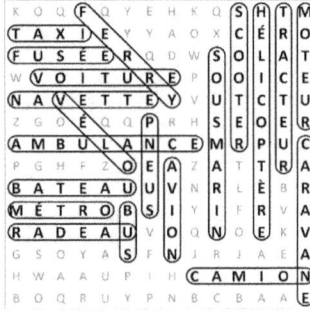

17 - Restaurante # 2

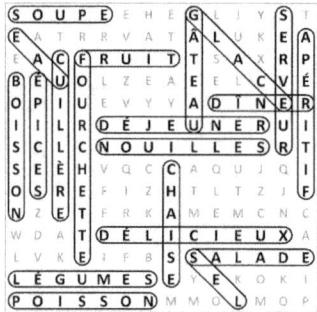

18 - Países #2

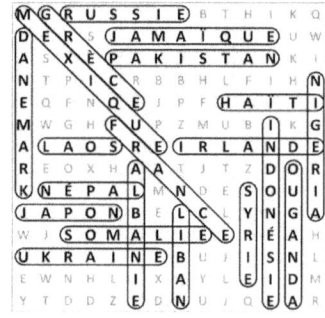

19 - Cozinha

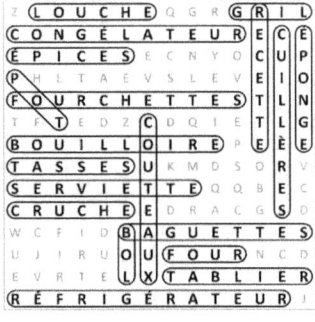

20 - Brinquedos

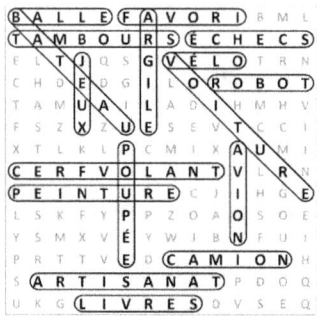

21 - Material de Arte

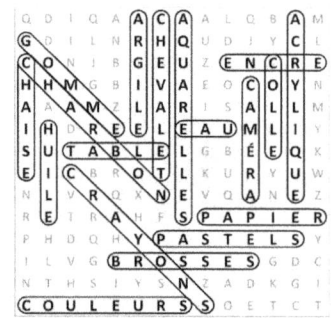

22 - Números

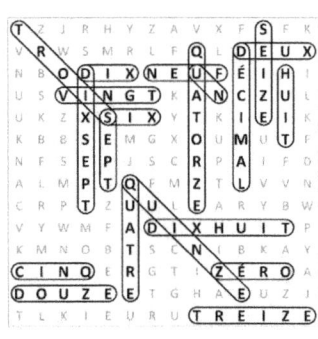

23 - Ferramentas

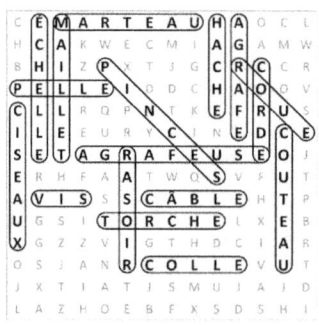

24 - Especiarias

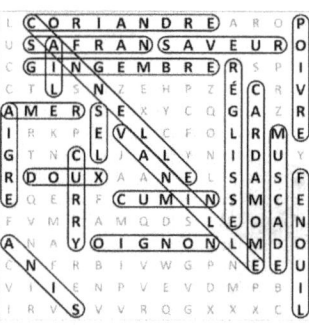

25 - Aniversário

26 - Casa

27 - Vegetais

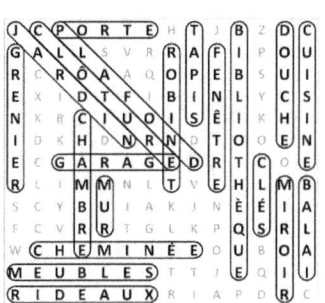

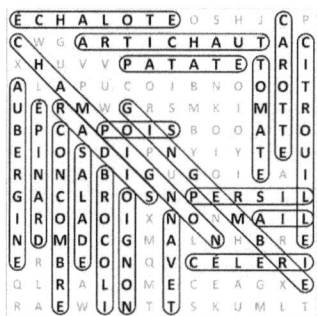

28 - Exploração

29 - Balé

30 - Conservação

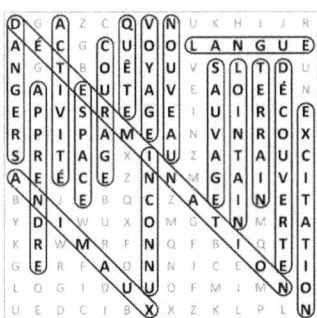

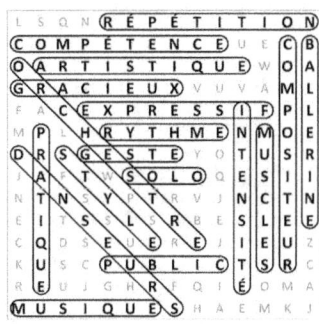

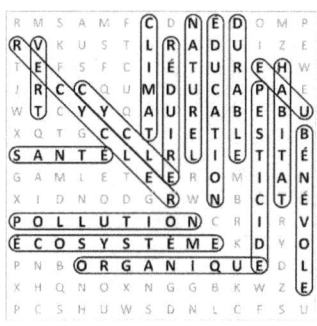

31 - Adjetivos #1

32 - Insetos

33 - Paisagens

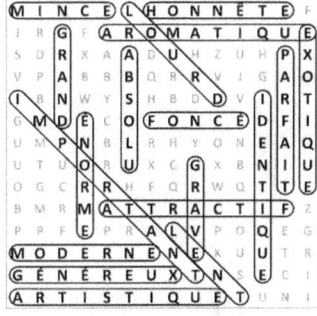

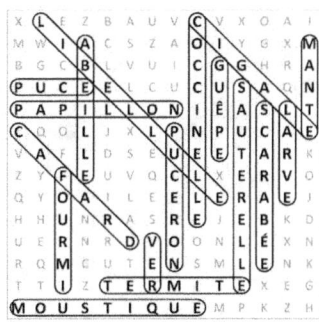

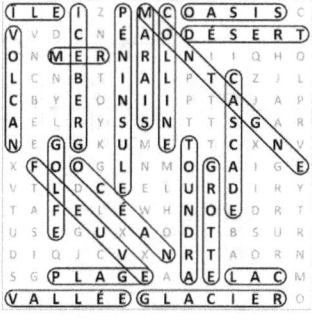

34 - Dança

35 - Nutrição

36 - Disciplinas Científicas

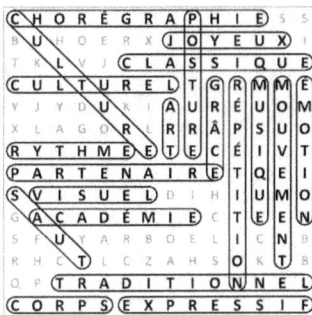

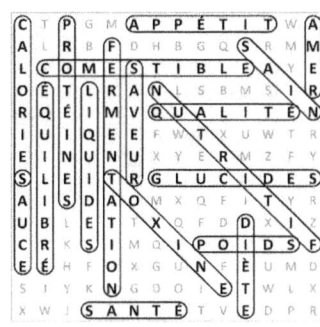

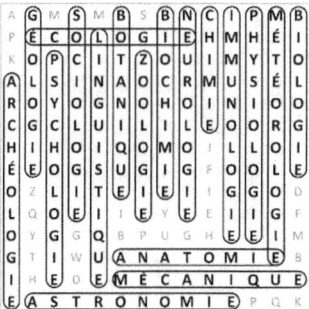

37 - Meditação

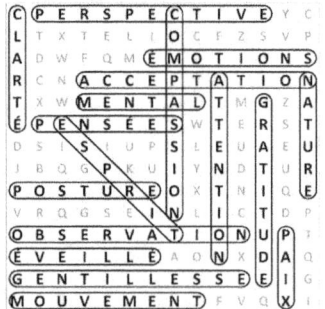

38 - Gatos

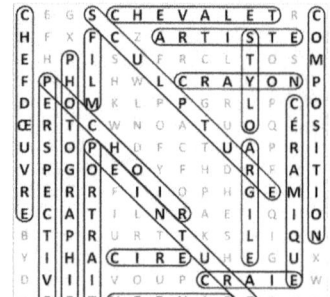

39 - Artes Visuais

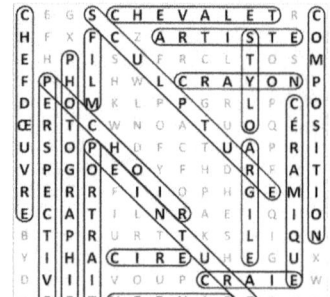

40 - Instrumentos Musicais

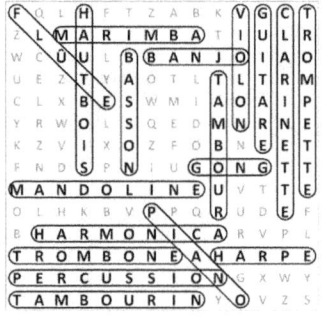

41 - Escola #1

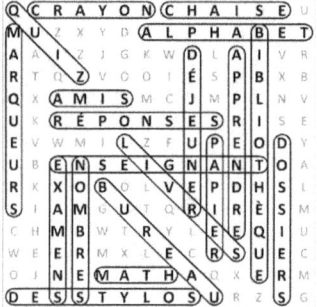

42 - Adjetivos #2

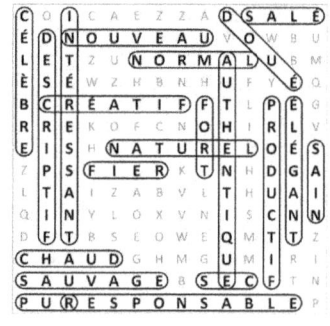

43 - Roupas

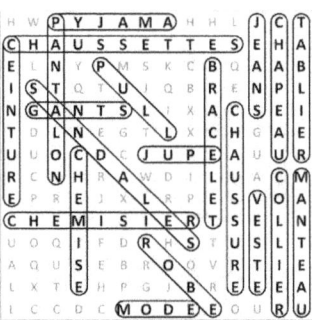

44 - Herbalismo

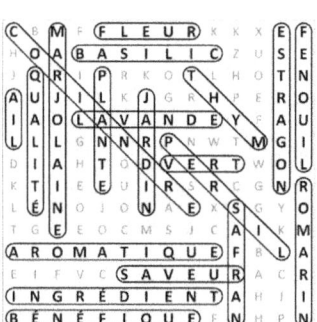

45 - Frutas

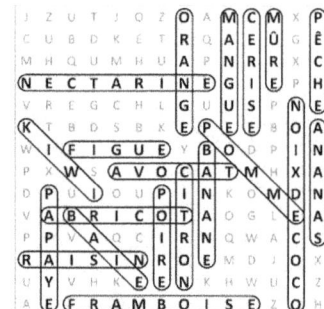

46 - Corpo Humano

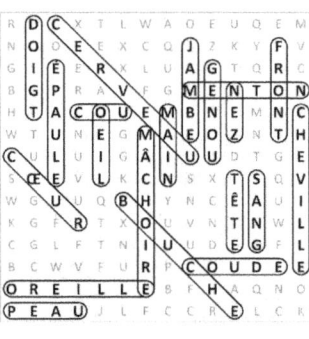

47 - Restaurante #1

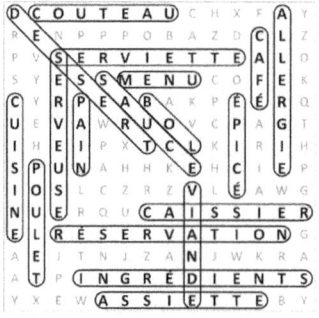

48 - Caminhada

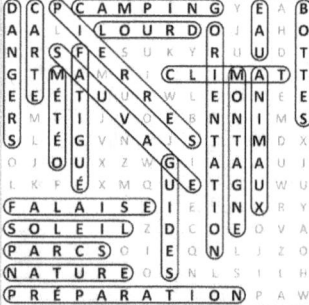

49 - Água

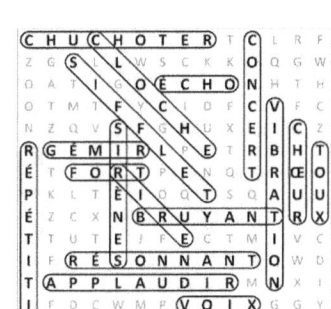

50 - Sons

51 - Ecologia

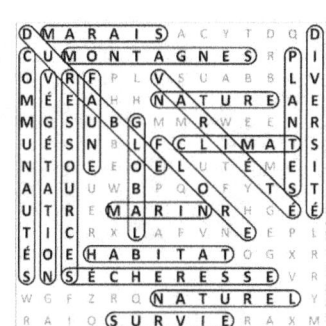

52 - Família

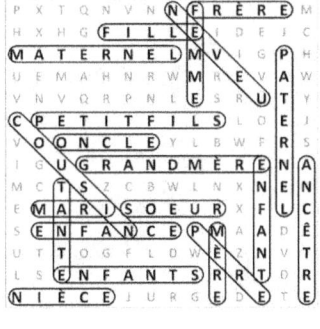

53 - Férias #2

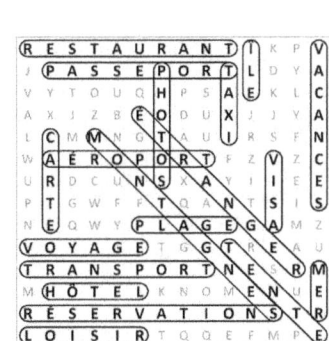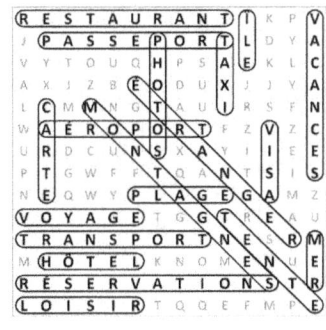

54 - Edifícios

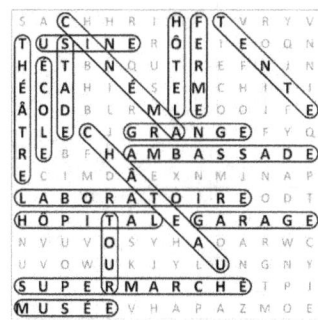

55 - Praia

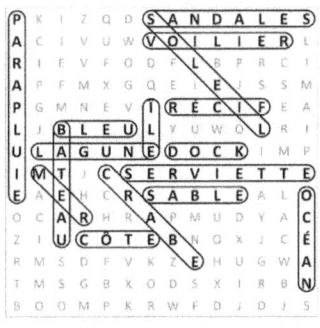

56 - Xadrez

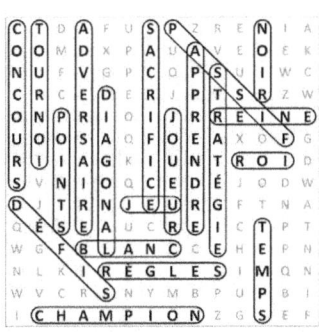

57 - Aventura

58 - Floresta Tropical

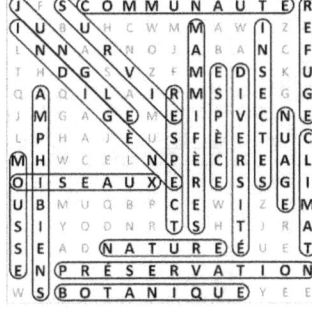

59 - Cidade

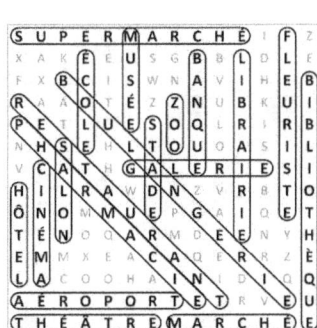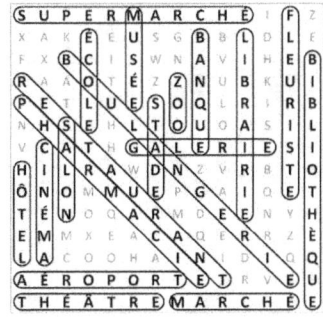

60 - Matemática

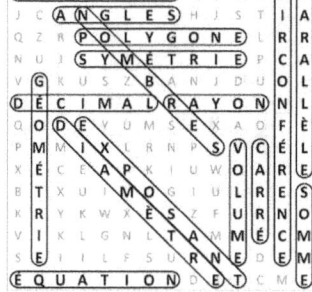

61 - Natureza

62 - Preencher

63 - Animais de Estimação

64 - Escalada

65 - Aviões

66 - Tipos de Cabelo

67 - Formas

68 - Dias e Meses

69 - Geografia

70 - Antártica

71 - Flores

72 - Fazenda #1

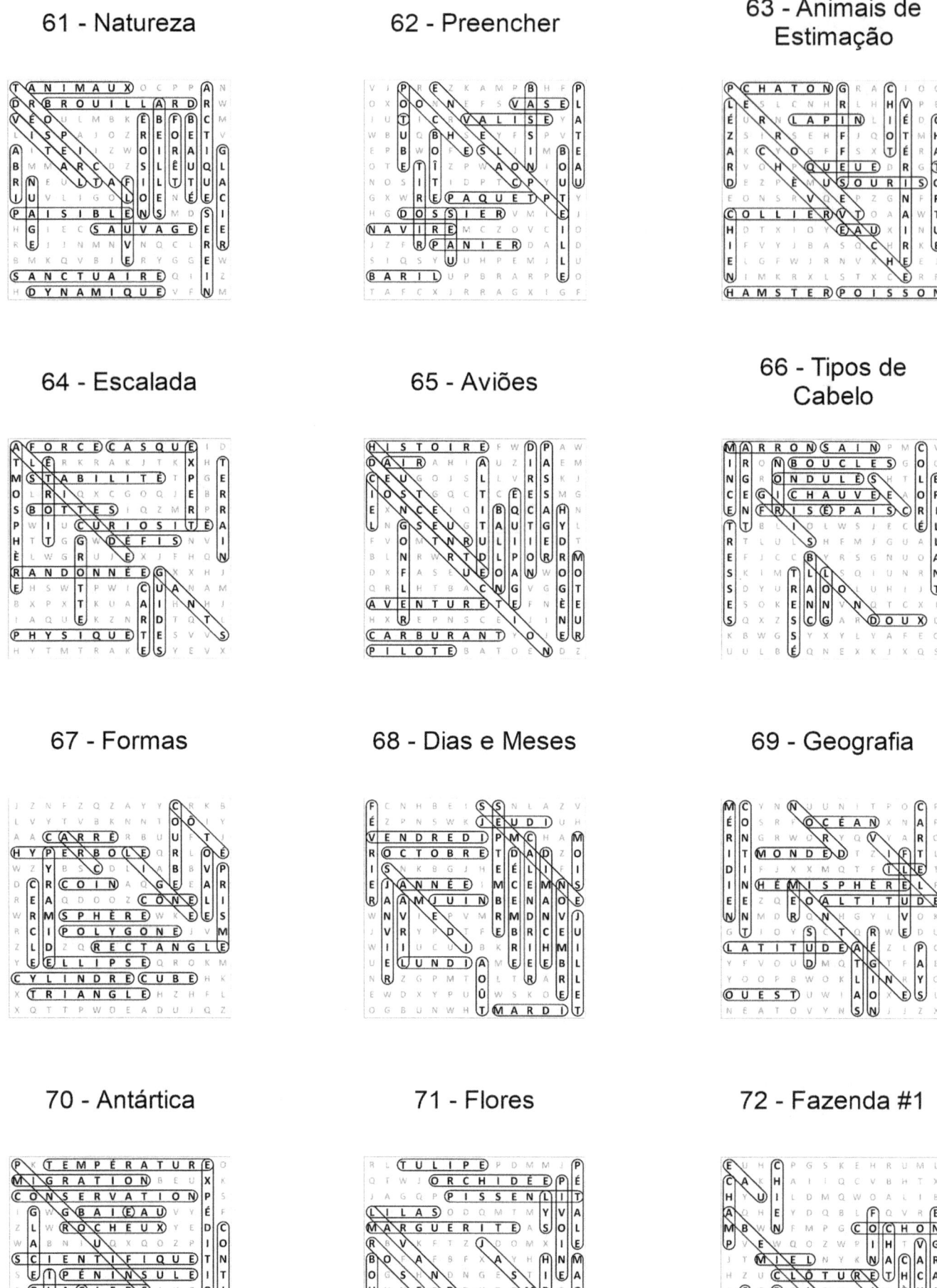

73 - Livros

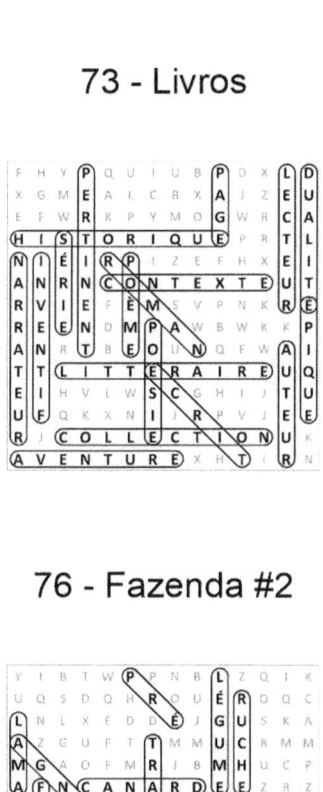

74 - Chocolate

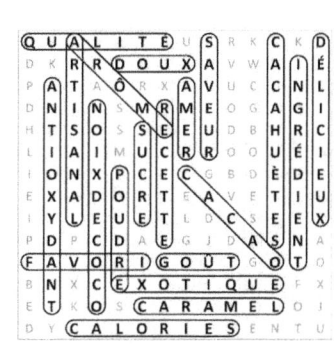

75 - Profissões #2

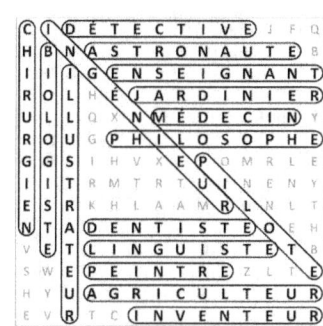

76 - Fazenda #2

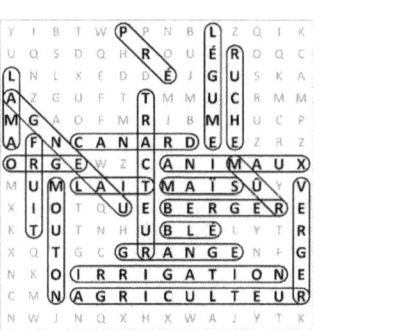

77 - Jardim

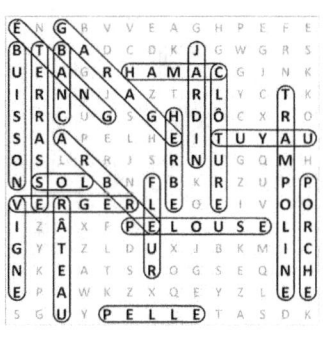

78 - Oceano

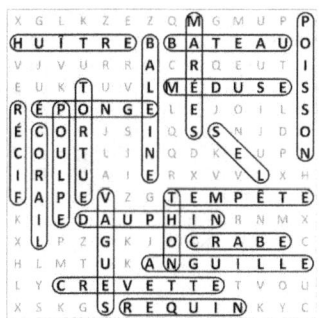

79 - Profissões #1

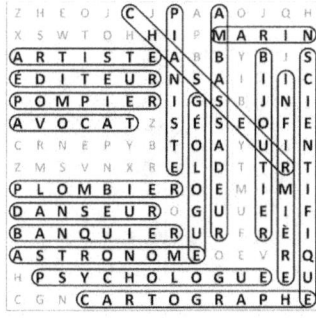

80 - Campeonato

81 - Castelos

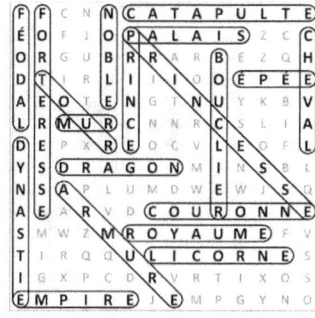

82 - Escola # 2

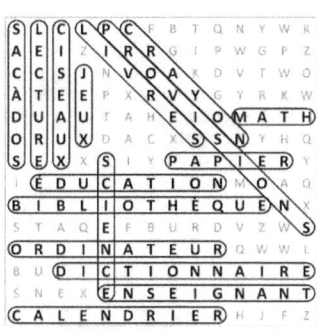

83 - Abelhas

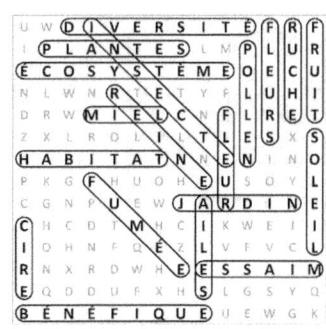

84 - Banheiro

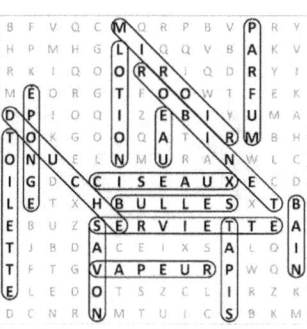

85 - Ciência

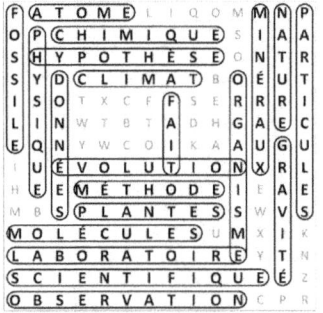

86 - Cores

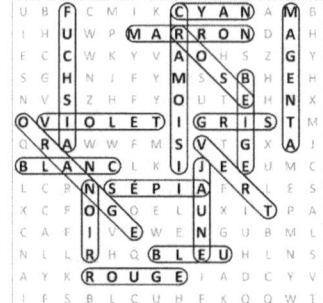

87 - Comida #1

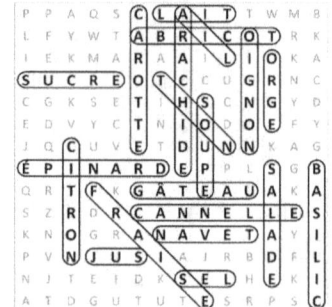

88 - Pássaros

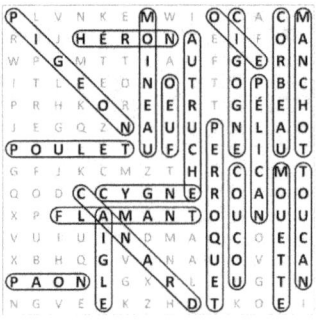

89 - Virtudes #1

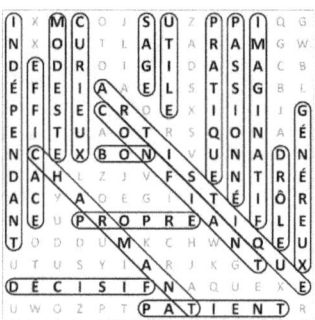

90 - Literatura

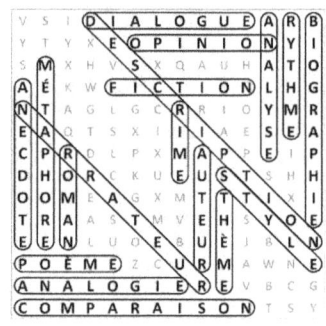

91 - Clima

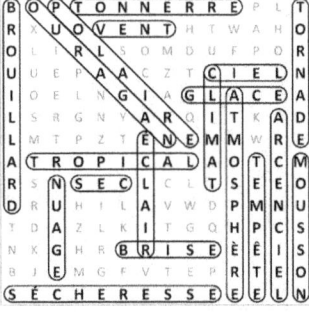

92 - Tecnologia

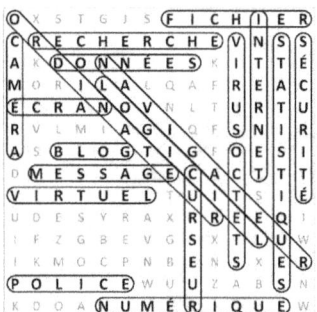

93 - Arte

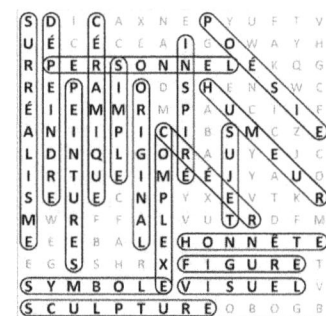

94 - Dinossauros

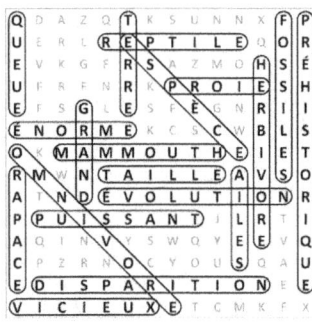

95 - Esportes

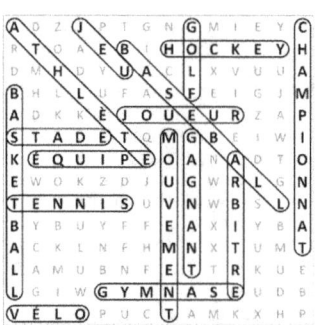

96 - Comida # 2

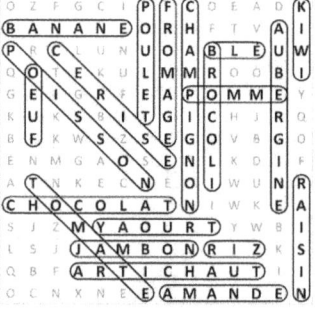

97 - Barcos

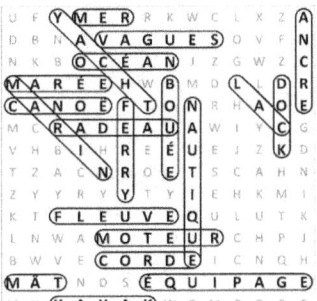

98 - Piratas

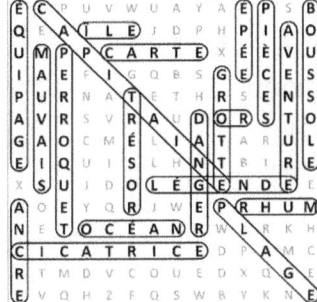

99 - Mamíferos

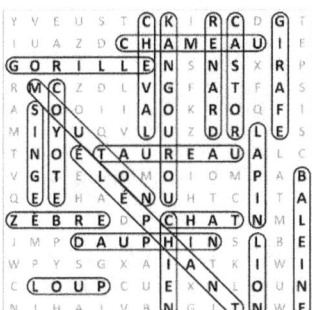

100 - Atividades e Lazer

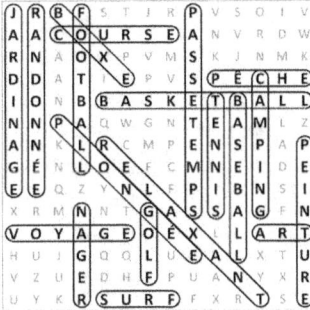

Dicionário

Abelhas
Les Abeilles

Asas	Ailes
Benéfico	Bénéfique
Cera	Cire
Colmeia	Ruche
Diversidade	Diversité
Ecossistema	Écosystème
Enxame	Essaim
Flor	Fleur
Flores	Fleurs
Fruta	Fruit
Fumaça	Fumée
Habitat	Habitat
Inseto	Insecte
Jardim	Jardin
Mel	Miel
Plantas	Plantes
Pólen	Pollen
Rainha	Reine
Sol	Soleil

Acampamento
Camping

Animais	Animaux
Aventura	Aventure
Árvores	Arbres
Bússola	Boussole
Cabine	Cabine
Caça	Chasse
Canoa	Canoë
Chapéu	Chapeau
Corda	Corde
Equipamento	Équipement
Floresta	Forêt
Fogo	Feu
Inseto	Insecte
Lago	Lac
Lua	Lune
Maca	Hamac
Mapa	Carte
Montanha	Montagne
Natureza	Nature
Tenda	Tente

Adjetivos #1
Adjectifs #1

Absoluto	Absolu
Aromático	Aromatique
Artístico	Artistique
Atraente	Attractif
Enorme	Énorme
Escuro	Foncé
Exótico	Exotique
Fino	Mince
Generoso	Généreux
Grande	Grand
Honesto	Honnête
Idêntico	Identique
Importante	Important
Lento	Lent
Misterioso	Mystérieux
Moderno	Moderne
Perfeito	Parfait
Pesado	Lourd
Sério	Grave
Valioso	Précieux

Adjetivos #2
Adjectifs #2

Autêntico	Authentique
Criativo	Créatif
Descritivo	Descriptif
Dotado	Doué
Elegante	Élégant
Famoso	Célèbre
Forte	Fort
Interessante	Intéressant
Natural	Naturel
Normal	Normal
Novo	Nouveau
Orgulhoso	Fier
Produtivo	Productif
Puro	Pur
Quente	Chaud
Responsável	Responsable
Salgado	Salé
Saudável	Sain
Seco	Sec
Selvagem	Sauvage

Animais de Estimação
Animaux de Compagnie

Água	Eau
Cabra	Chèvre
Cachorro	Chiot
Cauda	Queue
Cão	Chien
Coelho	Lapin
Colarinho	Collier
Garras	Griffes
Gatinho	Chaton
Gato	Chat
Hamster	Hamster
Lagarto	Lézard
Mouse	Souris
Papagaio	Perroquet
Peixe	Poisson
Tartaruga	Tortue
Vaca	Vache
Veterinário	Vétérinaire

Aniversário
Anniversaire

Alegre	Joyeux
Amigos	Amis
Ano	Année
Aprender	Apprendre
Bolo	Gâteau
Calendário	Calendrier
Canção	Chanson
Cartões	Cartes
Celebração	Fête
Convites	Invitations
Dia	Jour
Dom	Cadeau
Especial	Spécial
Feliz	Heureux
Jovem	Jeune
Nascer	Né
Sabedoria	Sagesse
Tempo	Temps
Velas	Bougies

Antártica
Antarctique

Ambiente	Environnement
Água	Eau
Baía	Baie
Científico	Scientifique
Conservação	Conservation
Continente	Continent
Enseada	Crique
Expedição	Expédition
Geleiras	Glaciers
Gelo	Glace
Geografia	Géographie
Ilhas	Îles
Investigador	Chercheur
Migração	Migration
Minerais	Minéraux
Península	Péninsule
Pinguins	Pingouins
Rochoso	Rocheux
Temperatura	Température
Topografia	Topographie

Arte
Art

Cerâmica	Céramique
Complexo	Complexe
Composição	Composition
Criar	Créer
Escultura	Sculpture
Expressão	Expression
Figura	Figure
Honesto	Honnête
Humor	Humeur
Inspirado	Inspiré
Original	Original
Pessoal	Personnel
Pinturas	Peintures
Poesia	Poésie
Retratar	Dépeindre
Simples	Simple
Símbolo	Symbole
Sujeito	Sujet
Surrealismo	Surréalisme
Visual	Visuel

Artes Visuais
Arts Visuels

Argila	Argile
Arquitetura	Architecture
Artista	Artiste
Caneta	Stylo
Cavalete	Chevalet
Cera	Cire
Cerâmica	Céramique
Composição	Composition
Criatividade	Créativité
Escultura	Sculpture
Estêncil	Pochoir
Filme	Film
Fotografia	Photographie
Giz	Craie
Lápis	Crayon
Obra-Prima	Chef-D'Œuvre
Perspectiva	Perspective
Pintura	Peinture
Retrato	Portrait
Verniz	Vernis

Astronomia
Astronomie

Asteróide	Astéroïde
Astronauta	Astronaute
Astrônomo	Astronome
Céu	Ciel
Constelação	Constellation
Cosmos	Cosmos
Eclipse	Éclipse
Equinócio	Équinoxe
Foguete	Fusée
Gravidade	Gravité
Lua	Lune
Meteoro	Météore
Nebulosa	Nébuleuse
Observatório	Observatoire
Planeta	Planète
Radiação	Radiation
Solar	Solaire
Supernova	Supernova
Terra	Terre
Universo	Univers

Atividades
Activités

Arte	Art
Artesanato	Artisanat
Atividade	Activité
Caca	Chasse
Caminhada	Randonnée
Cerâmica	Céramique
Fotografia	Photographie
Habilidade	Compétence
Interesses	Intérêts
Jardinagem	Jardinage
Jogos	Jeux
Lazer	Loisir
Lendo	Lecture
Magia	Magie
Pesca	Pêche
Pintura	Peinture
Prazer	Plaisir
Relaxamento	Relaxation

Atividades e Lazer
Activités et Loisirs

Acampamento	Camping
Arte	Art
Basquete	Basket-Ball
Beisebol	Base-Ball
Boxe	Boxe
Caminhada	Randonnée
Corrida	Course
Futebol	Football
Golfe	Golf
Hobbies	Passe-Temps
Jardinagem	Jardinage
Mergulho	Plongée
Natação	Nager
Pesca	Pêche
Pintura	Peinture
Relaxante	Relaxant
Surfe	Surf
Tênis	Tennis
Viagem	Voyage
Voleibol	Volley-Ball

Aventura
Aventure

Alegria	Joie
Amigos	Amis
Atividade	Activité
Beleza	Beauté
Chance	Chance
Desafios	Défis
Destino	Destination
Dificuldade	Difficulté
Entusiasmo	Enthousiasme
Excursão	Excursion
Incomum	Inhabituel
Itinerário	Itinéraire
Natureza	Nature
Navegação	Navigation
Novo	Nouveau
Oportunidade	Opportunité
Perigoso	Dangereux
Preparação	Préparation
Segurança	Sécurité
Surpreendente	Surprenant

Aviões
Avions

Altitude	Altitude
Altura	Hauteur
Ar	Air
Aterrissagem	Atterrissage
Atmosfera	Atmosphère
Aventura	Aventure
Balão	Ballon
Céu	Ciel
Combustível	Carburant
Construção	Construction
Descida	Descente
Direção	Direction
Hidrogênio	Hydrogène
História	Histoire
Inflar	Gonfler
Motor	Moteur
Passageiro	Passager
Piloto	Pilote
Tripulação	Équipage
Turbulência	Turbulence

Água
Eau

Canal	Canal
Chuva	Pluie
Chuveiro	Douche
Evaporação	Évaporation
Furacão	Ouragan
Geada	Gel
Gelo	Glace
Geyser	Geyser
Inundação	Inondation
Irrigação	Irrigation
Lago	Lac
Monção	Mousson
Neve	Neige
Oceano	Océan
Ondas	Vagues
Potável	Potable
Rio	Fleuve
Umidade	Humidité
Vapor	Vapeur

Balé
Ballet

Artístico	Artistique
Bailarina	Ballerine
Compositor	Compositeur
Coreografia	Chorégraphie
Dançarinos	Danseurs
Ensaio	Répétition
Estilo	Style
Expressivo	Expressif
Gesto	Geste
Gracioso	Gracieux
Habilidade	Compétence
Intensidade	Intensité
Músculos	Muscles
Música	Musique
Orquestra	Orchestre
Prática	Pratique
Público	Public
Ritmo	Rythme
Solo	Solo
Técnica	Technique

Banheiro
Salle de Bains

Água	Eau
Banheiro	Toilette
Banho	Bain
Bolhas	Bulles
Chuveiro	Douche
Espelho	Miroir
Esponja	Éponge
Loção	Lotion
Perfume	Parfum
Sabão	Savon
Tapete	Tapis
Tesoura	Ciseaux
Toalha	Serviette
Torneira	Robinet
Vapor	Vapeur
Xampu	Shampooing

Barcos
Bateaux

Âncora	Ancre
Balsa	Ferry
Bóia	Bouée
Caiaque	Kayak
Canoa	Canoë
Corda	Corde
Doca	Dock
Iate	Yacht
Jangada	Radeau
Lago	Lac
Mar	Mer
Maré	Marée
Marinheiro	Marin
Mastro	Mât
Motor	Moteur
Náutico	Nautique
Oceano	Océan
Ondas	Vagues
Rio	Fleuve
Tripulação	Équipage

Brinquedos
Jouets

Argila	Argile
Artesanato	Artisanat
Avião	Avion
Barco	Bateau
Bateria	Tambours
Bicicleta	Vélo
Bola	Balle
Boneca	Poupée
Caminhão	Camion
Carro	Voiture
Favorito	Favori
Imaginação	Imagination
Jogos	Jeux
Livros	Livres
Pipa	Cerf-Volant
Robô	Robot
Tintas	Peinture
Xadrez	Échecs

Caminhada
Randonnée

Acampamento	Camping
Animais	Animaux
Água	Eau
Botas	Bottes
Cansado	Fatigué
Clima	Climat
Guias	Guides
Mapa	Carte
Montanha	Montagne
Natureza	Nature
Orientação	Orientation
Parques	Parcs
Pedras	Pierres
Penhasco	Falaise
Perigos	Dangers
Pesado	Lourd
Preparação	Préparation
Selvagem	Sauvage
Sol	Soleil
Tempo	Météo

Campeonato
Championnat

Campeão	Champion
Campeonato	Championnat
Desempenho	Performance
Equipe	Équipe
Esportes	Sports
Estratégia	Stratégie
Finalista	Finaliste
Jogos	Jeux
Juiz	Juge
Liga	Ligue
Medalha	Médaille
Motivação	Motivation
Resistência	Endurance
Torneio	Tournoi
Treinador	Entraîneur
Vitória	Victoire

Casa
Maison

Biblioteca	Bibliothèque
Cerca	Clôture
Chaves	Clés
Chuveiro	Douche
Cortinas	Rideaux
Cozinha	Cuisine
Espelho	Miroir
Garagem	Garage
Janela	Fenêtre
Jardim	Jardin
Lareira	Cheminée
Mobiliário	Meubles
Parede	Mur
Porta	Porte
Quarto	Chambre
Sótão	Grenier
Tapete	Tapis
Teto	Plafond
Torneira	Robinet
Vassoura	Balai

Castelos
Châteaux

Armadura	Armure
Catapulta	Catapulte
Cavaleiro	Chevalier
Cavalo	Cheval
Coroa	Couronne
Dinastia	Dynastie
Dragão	Dragon
Escudo	Bouclier
Espada	Épée
Feudal	Féodal
Fortaleza	Forteresse
Império	Empire
Nobre	Noble
Palácio	Palais
Parede	Mur
Princesa	Princesse
Príncipe	Prince
Reino	Royaume
Torre	Tour
Unicórnio	Licorne

Chocolate
Chocolat

Açúcar	Sucre
Amargo	Amer
Amendoins	Cacahuètes
Antioxidante	Antioxydant
Aroma	Arôme
Artesanal	Artisanal
Cacau	Cacao
Calorias	Calories
Caramelo	Caramel
Coco	Noix de Coco
Delicioso	Délicieux
Doce	Doux
Exótico	Exotique
Favorito	Favori
Gosto	Goût
Ingrediente	Ingrédient
Pó	Poudre
Qualidade	Qualité
Receita	Recette
Sabor	Saveur

Churrascos
Barbecues

Almoço	Déjeuner
Convite	Invitation
Crianças	Enfants
Facas	Couteaux
Família	Famille
Fome	Faim
Frango	Poulet
Fruta	Fruit
Grelha	Gril
Jantar	Dîner
Jogos	Jeux
Legumes	Légumes
Molho	Sauce
Música	Musique
Pimenta	Poivre
Quente	Chaud
Sal	Sel
Saladas	Salades
Tomates	Tomates
Verão	Été

Cidade
Ville

Aeroporto	Aéroport
Banco	Banque
Biblioteca	Bibliothèque
Cinema	Cinéma
Escola	École
Estádio	Stade
Farmácia	Pharmacie
Florista	Fleuriste
Galeria	Galerie
Hotel	Hôtel
Jardim Zoológico	Zoo
Livraria	Librairie
Mercado	Marché
Museu	Musée
Padaria	Boulangerie
Restaurante	Restaurant
Salão	Salon
Supermercado	Supermarché
Teatro	Théâtre
Universidade	Université

Ciência
Science

Átomo	Atome
Cientista	Scientifique
Clima	Climat
Dados	Données
Evolução	Évolution
Fato	Fait
Física	Physique
Fóssil	Fossile
Gravidade	Gravité
Hipótese	Hypothèse
Laboratório	Laboratoire
Método	Méthode
Minerais	Minéraux
Moléculas	Molécules
Natureza	Nature
Observação	Observation
Organismo	Organisme
Partículas	Particules
Plantas	Plantes
Químico	Chimique

Circo
Cirque

Acrobata	Acrobate
Animais	Animaux
Balões	Ballons
Bilhete	Billet
Desfile	Parade
Doce	Bonbon
Elefante	Éléphant
Espectador	Spectateur
Espetacular	Spectaculaire
Leão	Lion
Macaco	Singe
Magia	Magie
Malabarista	Jongleur
Mágico	Magicien
Música	Musique
Palhaço	Clown
Tenda	Tente
Tigre	Tigre
Traje	Costume
Truque	Astuce

Clima
Météo

Arco-Íris	Arc-En-Ciel
Atmosfera	Atmosphère
Brisa	Brise
Céu	Ciel
Clima	Climat
Furacão	Ouragan
Gelo	Glace
Monção	Mousson
Nevoeiro	Brouillard
Nuvem	Nuage
Polar	Polaire
Relâmpago	Éclair
Seca	Sécheresse
Seco	Sec
Temperatura	Température
Tempestade	Tempête
Tornado	Tornade
Tropical	Tropical
Trovão	Tonnerre
Vento	Vent

Comida # 2
Nourriture #2

Alcachofra	Artichaut
Amêndoa	Amande
Arroz	Riz
Banana	Banane
Beringela	Aubergine
Brócolis	Brocoli
Cereja	Cerise
Chocolate	Chocolat
Cogumelo	Champignon
Frango	Poulet
Iogurte	Yaourt
Kiwi	Kiwi
Maçã	Pomme
Ovo	Oeuf
Peixe	Poisson
Presunto	Jambon
Queijo	Fromage
Tomate	Tomate
Trigo	Blé
Uva	Raisin

Comida #1
Nourriture #1

Açúcar	Sucre
Alho	Ail
Amendoim	Arachide
Atum	Thon
Bolo	Gâteau
Canela	Cannelle
Cebola	Oignon
Cenoura	Carotte
Cevada	Orge
Damasco	Abricot
Espinafre	Épinard
Leite	Lait
Limão	Citron
Manjericão	Basilic
Morango	Fraise
Nabo	Navet
Sal	Sel
Salada	Salade
Sopa	Soupe
Suco	Jus

Conservação
Conservation

Água	Eau
Ciclo	Cycle
Clima	Climat
Ecossistema	Écosystème
Educação	Éducation
Habitat	Habitat
Natural	Naturel
Orgânico	Organique
Pesticida	Pesticide
Poluição	Pollution
Reciclar	Recycler
Reduzir	Réduire
Saúde	Santé
Sustentável	Durable
Verde	Vert
Voluntário	Bénévole

Cores
Couleurs

Amarelo	Jaune
Azul	Bleu
Bege	Beige
Branco	Blanc
Carmesim	Cramoisi
Ciano	Cyan
Cinza	Gris
Fuchsia	Fuchsia
Laranja	Orange
Magenta	Magenta
Marrom	Marron
Preto	Noir
Rosa	Rose
Roxo	Violet
Sépia	Sépia
Verde	Vert
Vermelho	Rouge

Corpo Humano
Corps Humain

Boca	Bouche
Cabeça	Tête
Cérebro	Cerveau
Coração	Cœur
Cotovelo	Coude
Dedo	Doigt
Joelho	Genou
Mandíbula	Mâchoire
Mão	Main
Nariz	Nez
Olho	Oeil
Ombro	Épaule
Orelha	Oreille
Pele	Peau
Perna	Jambe
Pescoço	Cou
Queixo	Menton
Sangue	Sang
Testa	Front
Tornozelo	Cheville

Cozinha
Cuisine

Avental	Tablier
Chaleira	Bouilloire
Colheres	Cuillères
Concha	Louche
Cups	Tasses
Especiarias	Épices
Esponja	Éponge
Facas	Couteaux
Forno	Four
Freezer	Congélateur
Garfos	Fourchettes
Geladeira	Réfrigérateur
Grelha	Gril
Guardanapo	Serviette
Jar	Pot
Jarro	Cruche
Pauzinhos	Baguettes
Receita	Recette
Tigela	Bol

Dança
Danse

Academia	Académie
Alegre	Joyeux
Arte	Art
Clássico	Classique
Coreografia	Chorégraphie
Corpo	Corps
Cultura	Culture
Cultural	Culturel
Emoção	Émotion
Ensaio	Répétition
Expressivo	Expressif
Graça	Grâce
Movimento	Mouvement
Música	Musique
Parceiro	Partenaire
Postura	Posture
Ritmo	Rythme
Saltar	Saut
Tradicional	Traditionnel
Visual	Visuel

Dias e Meses
Jours et Mois

Abril	Avril
Agosto	Août
Ano	Année
Calendário	Calendrier
Dezembro	Décembre
Domingo	Dimanche
Fevereiro	Février
Janeiro	Janvier
Julho	Juillet
Junho	Juin
Mês	Mois
Novembro	Novembre
Outubro	Octobre
Quinta-Feira	Jeudi
Sábado	Samedi
Segunda-Feira	Lundi
Semana	Semaine
Setembro	Septembre
Sexta-Feira	Vendredi
Terça	Mardi

Dinossauros
Dinosaures

Asas	Ailes
Carnívoro	Carnivore
Cauda	Queue
Desaparecimento	Disparition
Enorme	Énorme
Espécies	Espèce
Evolução	Évolution
Fósseis	Fossiles
Grande	Grand
Herbívoro	Herbivore
Mamute	Mammouth
Onívoro	Omnivore
Poderoso	Puissant
Presa	Proie
Pré-Histórico	Préhistorique
Raptor	Rapace
Réptil	Reptile
Tamanho	Taille
Terra	Terre
Vicioso	Vicieux

Dirigindo
Conduite

Acidente	Accident
Carro	Voiture
Combustível	Carburant
Cuidado	Attention
Estrada	Route
Freios	Freins
Garagem	Garage
Gás	Gaz
Licença	Licence
Mapa	Carte
Motocicleta	Moto
Motor	Moteur
Pedestre	Piéton
Perigo	Danger
Polícia	Police
Rua	Rue
Segurança	Sécurité
Transporte	Transport
Tráfego	Trafic
Túnel	Tunnel

Disciplinas Científicas
Disciplines Scientifiques

Anatomia	Anatomie
Arqueologia	Archéologie
Astronomia	Astronomie
Biologia	Biologie
Bioquímica	Biochimie
Botânica	Botanique
Cinesiologia	Kinésiologie
Ecologia	Écologie
Fisiologia	Physiologie
Geologia	Géologie
Imunologia	Immunologie
Linguística	Linguistique
Mecânica	Mécanique
Meteorologia	Météorologie
Mineralogia	Minéralogie
Neurologia	Neurologie
Psicologia	Psychologie
Química	Chimie
Sociologia	Sociologie
Zoologia	Zoologie

Ecologia
Écologie

Clima	Climat
Comunidades	Communautés
Diversidade	Diversité
Fauna	Faune
Flora	Flore
Global	Global
Habitat	Habitat
Marinho	Marin
Montanhas	Montagnes
Natural	Naturel
Natureza	Nature
Pântano	Marais
Plantas	Plantes
Recursos	Ressources
Seca	Sécheresse
Sobrevivência	Survie
Sustentável	Durable
Variedade	Variété
Vegetação	Végétation
Voluntários	Bénévoles

Edifícios
Bâtiments

Apartamento	Appartement
Castelo	Château
Celeiro	Grange
Cinema	Cinéma
Embaixada	Ambassade
Escola	École
Estádio	Stade
Fazenda	Ferme
Fábrica	Usine
Garagem	Garage
Hospital	Hôpital
Hotel	Hôtel
Laboratório	Laboratoire
Museu	Musée
Observatório	Observatoire
Supermercado	Supermarché
Teatro	Théâtre
Tenda	Tente
Torre	Tour
Universidade	Université

Emoções
Émotions

Alegria	Joie
Amor	Amour
Animado	Excité
Bondade	Gentillesse
Calmo	Calme
Conteúdo	Contenu
Envergonhado	Embarrassé
Grato	Reconnaissant
Medo	Peur
Paz	Paix
Raiva	Colère
Relaxado	Détendu
Satisfeito	Satisfait
Simpatia	Sympathie
Ternura	Tendresse
Tédio	Ennui
Tranquilidade	Tranquillité
Tristeza	Tristesse

Escalada
Escalade

Altitude	Altitude
Atmosfera	Atmosphère
Botas	Bottes
Caminhada	Randonnée
Capacete	Casque
Caverna	Grotte
Curiosidade	Curiosité
Desafios	Défis
Especialista	Expert
Estabilidade	Stabilité
Estreito	Étroit
Físico	Physique
Força	Force
Guias	Guides
Luvas	Gants
Mapa	Carte
Terreno	Terrain

Escola # 2
École #2

Acadêmico	Académique
Atividades	Activités
Biblioteca	Bibliothèque
Calendário	Calendrier
Ciência	Science
Computador	Ordinateur
Dicionário	Dictionnaire
Educação	Éducation
Gramática	Grammaire
Jogos	Jeux
Lápis	Crayon
Leitura	Lecture
Literatura	Littérature
Livros	Livres
Matemática	Math
Mochila	Sac à Dos
Papel	Papier
Professor	Enseignant
Suprimentos	Provisions
Tesoura	Ciseaux

Escola #1
École #1

Alfabeto	Alphabet
Almoço	Déjeuner
Amigos	Amis
Aprender	Apprendre
Biblioteca	Bibliothèque
Cadeira	Chaise
Canetas	Des Stylos
Exames	Examens
Lápis	Crayon
Livros	Livres
Marcadores	Marqueurs
Matemática	Math
Mesa	Bureau
Números	Nombres
Papel	Papier
Pastas	Dossiers
Professor	Enseignant
Questionário	Quiz
Respostas	Réponses

Especiarias
Épices

Açafrão	Safran
Alcaçuz	Réglisse
Alho	Ail
Amargo	Amer
Anis	Anis
Azedo	Aigre
Baunilha	Vanille
Canela	Cannelle
Cardamomo	Cardamome
Caril	Curry
Cebola	Oignon
Coentro	Coriandre
Cominho	Cumin
Doce	Doux
Funcho	Fenouil
Gengibre	Gingembre
Noz-Moscada	Muscade
Pimenta	Poivre
Sabor	Saveur
Sal	Sel

Esportes
Sports

Atleta	Athlète
Árbitro	Arbitre
Basquete	Basket-Ball
Beisebol	Base-Ball
Bicicleta	Vélo
Campeonato	Championnat
Equipe	Équipe
Estádio	Stade
Ganhador	Gagnant
Ginásio	Gymnase
Ginástica	Gymnastique
Golfe	Golf
Hóquei	Hockey
Jogador	Joueur
Jogo	Jeu
Movimento	Mouvement
Tênis	Tennis
Treinador	Entraîneur

Exploração
Exploration

Animais	Animaux
Aprender	Apprendre
Atividade	Activité
Busca	Quête
Coragem	Courage
Culturas	Cultures
Descoberta	Découverte
Desconhecido	Inconnu
Determinação	Détermination
Distante	Lointain
Espaço	Espace
Exaustão	Épuisement
Excitação	Excitation
Língua	Langue
Novo	Nouveau
Perigos	Dangers
Selvagem	Sauvage
Terreno	Terrain
Viagem	Voyage

Família
Famille

Antepassado	Ancêtre
Avó	Grand-Mère
Criança	Enfant
Crianças	Enfants
Esposa	Femme
Filha	Fille
Infância	Enfance
Irmã	Soeur
Irmão	Frère
Marido	Mari
Materno	Maternel
Mãe	Mère
Neto	Petit-Fils
Pai	Père
Paterno	Paternel
Primo	Cousin
Sobrinha	Nièce
Sobrinho	Neveu
Tia	Tante
Tio	Oncle

Fazenda #1
Ferme #1

Abelha	Abeille
Agricultura	Agriculture
Arroz	Riz
Água	Eau
Bezerro	Veau
Burro	Âne
Cabra	Chèvre
Campo	Champ
Cavalo	Cheval
Cão	Chien
Cerca	Clôture
Corvo	Corbeau
Feno	Foin
Fertilizante	Engrais
Frango	Poulet
Gato	Chat
Mel	Miel
Porco	Cochon
Rebanho	Troupeau
Vaca	Vache

Fazenda #2
Ferme #2

Agricultor	Agriculteur
Animais	Animaux
Celeiro	Grange
Cevada	Orge
Colmeia	Ruche
Cordeiro	Agneau
Fruta	Fruit
Irrigação	Irrigation
Leite	Lait
Lhama	Lama
Maduro	Mûr
Milho	Maïs
Ovelha	Mouton
Pastor	Berger
Pato	Canard
Pomar	Verger
Prado	Pré
Trator	Tracteur
Trigo	Blé
Vegetal	Légume

Ferramentas
Outils

Alicate	Pinces
Cabo	Câble
Cola	Colle
Corda	Corde
Escada	Échelle
Faca	Couteau
Grampeador	Agrafeuse
Grampo	Agrafe
Machado	Hache
Malho	Maillet
Martelo	Marteau
Navalha	Rasoir
Parafuso	Vis
Pá	Pelle
Roda	Roue
Tesoura	Ciseaux
Tocha	Torche

Férias #2
Vacances #2

Aeroporto	Aéroport
Destino	Destination
Estrangeiro	Étranger
Feriado	Vacances
Fotos	Photos
Hotel	Hôtel
Ilha	Île
Lazer	Loisir
Mapa	Carte
Mar	Mer
Montanhas	Montagnes
Passaporte	Passeport
Praia	Plage
Reservas	Réservations
Restaurante	Restaurant
Táxi	Taxi
Tenda	Tente
Transporte	Transport
Viagem	Voyage
Visto	Visa

Ficção Científica
Science-Fiction

Atómico	Atomique
Cinema	Cinéma
Distante	Lointain
Distopia	Dystopie
Explosão	Explosion
Extremo	Extrême
Fantástico	Fantastique
Fogo	Feu
Futurista	Futuriste
Galáxia	Galaxie
Ilusão	Illusion
Imaginário	Imaginaire
Livros	Livres
Misterioso	Mystérieux
Mundo	Monde
Oráculo	Oracle
Planeta	Planète
Robôs	Robots
Tecnologia	Technologie
Utopia	Utopie

Flores
Fleurs

Buquê	Bouquet
Dente-De-Leão	Pissenlit
Gardênia	Gardénia
Girassol	Tournesol
Hibisco	Hibiscus
Jasmim	Jasmin
Lavanda	Lavande
Lilás	Lilas
Lírio	Lys
Magnólia	Magnolia
Margarida	Marguerite
Narciso	Jonquille
Orquídea	Orchidée
Papoula	Pavot
Peônia	Pivoine
Pétala	Pétale
Plumeria	Plumeria
Rosa	Rose
Trevo	Trèfle
Tulipa	Tulipe

Floresta Tropical
Forêt Tropicale

Anfíbios	Amphibiens
Botânico	Botanique
Clima	Climat
Comunidade	Communauté
Diversidade	Diversité
Espécies	Espèce
Indígena	Indigène
Insetos	Insectes
Mamíferos	Mammifères
Musgo	Mousse
Natureza	Nature
Nuvens	Nuage
Pássaros	Oiseaux
Preservação	Préservation
Refúgio	Refuge
Respeito	Respect
Restauração	Restauration
Selva	Jungle
Sobrevivência	Survie
Valioso	Précieux

Formas
Formes

Arco	Arc
Canto	Coin
Cilindro	Cylindre
Círculo	Cercle
Cone	Cône
Cubo	Cube
Curva	Courbe
Elipse	Ellipse
Esfera	Sphère
Hipérbole	Hyperbole
Lado	Côté
Linha	Ligne
Oval	Ovale
Pirâmide	Pyramide
Polígono	Polygone
Prisma	Prisme
Quadrado	Carré
Retângulo	Rectangle
Triângulo	Triangle

Frutas
Fruit

Abacate	Avocat
Abacaxi	Ananas
Amora	Mûre
Baga	Baie
Banana	Banane
Cereja	Cerise
Coco	Noix de Coco
Damasco	Abricot
Figo	Figue
Framboesa	Framboise
Kiwi	Kiwi
Laranja	Orange
Limão	Citron
Maçã	Pomme
Mamão	Papaye
Manga	Mangue
Nectarina	Nectarine
Pera	Poire
Pêssego	Pêche
Uva	Raisin

Gatos
Chats

Brincalhão	Espiègle
Caçador	Chasseur
Cauda	Queue
Curioso	Curieux
Dormir	Dormir
Engraçado	Drôle
Fio	Fil
Garra	Griffe
Independente	Indépendant
Louco	Fou
Mouse	Souris
Pata	Patte
Pele	Fourrure
Personalidade	Personnalité
Selvagem	Sauvage
Tímido	Timide

Geografia
Géographie

Altitude	Altitude
Atlas	Atlas
Cidade	Ville
Continente	Continent
Hemisfério	Hémisphère
Ilha	Île
Latitude	Latitude
Mapa	Carte
Mar	Mer
Meridiano	Méridien
Montanha	Montagne
Mundo	Monde
Norte	Nord
Oceano	Océan
Oeste	Ouest
País	Pays
Região	Région
Rio	Fleuve
Sul	Sud
Território	Territoire

Geologia
Géologie

Ácido	Acide
Camada	Couche
Caverna	Caverne
Cálcio	Calcium
Ciclos	Cycles
Continente	Continent
Coral	Corail
Cristais	Cristaux
Erosão	Érosion
Estalactite	Stalactite
Estalagmites	Stalagmites
Fóssil	Fossile
Lava	Lave
Minerais	Minéraux
Pedra	Pierre
Platô	Plateau
Quartzo	Quartz
Sal	Sel
Vulcão	Volcan
Zona	Zone

Herbalismo
Herboristerie

Açafrão	Safran
Alecrim	Romarin
Alho	Ail
Aromático	Aromatique
Benéfico	Bénéfique
Coentro	Coriandre
Estragão	Estragon
Flor	Fleur
Funcho	Fenouil
Ingrediente	Ingrédient
Jardim	Jardin
Lavanda	Lavande
Manjericão	Basilic
Manjerona	Marjolaine
Planta	Plante
Qualidade	Qualité
Sabor	Saveur
Salsa	Persil
Tomilho	Thym
Verde	Vert

Insetos
Insectes

Abelha	Abeille
Barata	Cafard
Besouro	Scarabée
Borboleta	Papillon
Cigarra	Cigale
Cupim	Termite
Formiga	Fourmi
Gafanhoto	Sauterelle
Joaninha	Coccinelle
Larva	Larve
Libélula	Libellule
Louva-A-Deus	Mante
Minhoca	Ver
Mosquito	Moustique
Pulga	Puce
Pulgão	Puceron
Vespa	Guêpe

Instrumentos Musicais
Instruments de Musique

Bandolim	Mandoline
Banjo	Banjo
Clarinete	Clarinette
Fagote	Basson
Flauta	Flûte
Gaita	Harmonica
Gongo	Gong
Harpa	Harpe
Marimba	Marimba
Oboé	Hautbois
Pandeiro	Tambourin
Percussão	Percussion
Piano	Piano
Saxofone	Saxophone
Tambor	Tambour
Trombone	Trombone
Trompete	Trompette
Violão	Guitare
Violino	Violon
Violoncelo	Violoncelle

Jardim
Jardin

Ancinho	Râteau
Arbusto	Buisson
Árvore	Arbre
Banco	Banc
Cerca	Clôture
Flor	Fleur
Garagem	Garage
Grama	Herbe
Gramado	Pelouse
Jardim	Jardin
Lagoa	Étang
Maca	Hamac
Mangueira	Tuyau
Pá	Pelle
Pomar	Verger
Solo	Sol
Terraço	Terrasse
Trampolim	Trampoline
Varanda	Porche
Videira	Vigne

Literatura
Littérature

Analogia	Analogie
Análise	Analyse
Anedota	Anecdote
Autor	Auteur
Biografia	Biographie
Comparação	Comparaison
Conclusão	Conclusion
Descrição	Description
Diálogo	Dialogue
Estilo	Style
Ficção	Fiction
Metáfora	Métaphore
Narrador	Narrateur
Opinião	Opinion
Poema	Poème
Rima	Rime
Ritmo	Rythme
Romance	Roman
Tema	Thème
Tragédia	Tragédie

Livros
Livres

Autor	Auteur
Aventura	Aventure
Coleção	Collection
Contexto	Contexte
Dualidade	Dualité
Escrito	Écrit
Épico	Épique
História	Histoire
Histórico	Historique
Inventivo	Inventif
Leitor	Lecteur
Literário	Littéraire
Narrador	Narrateur
Página	Page
Poema	Poème
Poesia	Poésie
Relevante	Pertinent
Romance	Roman
Série	Série
Trágico	Tragique

Mamíferos
Mammifères

Baleia	Baleine
Camelo	Chameau
Canguru	Kangourou
Castor	Castor
Cavalo	Cheval
Cão	Chien
Coelho	Lapin
Coiote	Coyote
Elefante	Éléphant
Gato	Chat
Girafa	Girafe
Golfinho	Dauphin
Gorila	Gorille
Leão	Lion
Lobo	Loup
Macaco	Singe
Ovelha	Mouton
Raposa	Renard
Touro	Taureau
Zebra	Zèbre

Matemática
Mathématiques

Aritmética	Arithmétique
Ângulos	Angles
Circunferência	Circonférence
Decimal	Décimal
Diâmetro	Diamètre
Equação	Équation
Expoente	Exposant
Fração	Fraction
Geometria	Géométrie
Números	Nombres
Paralelo	Parallèle
Perímetro	Périmètre
Polígono	Polygone
Quadrado	Carré
Raio	Rayon
Retângulo	Rectangle
Simetria	Symétrie
Soma	Somme
Triângulo	Triangle
Volume	Volume

Material de Arte
Fournitures d'Art

Acrílico	Acrylique
Apagador	Gomme
Aquarelas	Aquarelles
Argila	Argile
Água	Eau
Cadeira	Chaise
Carvão	Charbon
Cavalete	Chevalet
Câmera	Caméra
Cola	Colle
Cores	Couleurs
Criatividade	Créativité
Escovas	Brosses
Lápis	Crayons
Mesa	Table
Óleo	Huile
Papel	Papier
Pastels	Pastels
Tinta	Encre
Tintas	Peinture

Medições
Mesures

Altura	Hauteur
Byte	Octet
Centímetro	Centimètre
Comprimento	Longueur
Decimal	Décimal
Grama	Gramme
Grau	Degré
Largura	Largeur
Litro	Litre
Massa	Masse
Metro	Mètre
Minuto	Minute
Onça	Once
Peso	Poids
Polegada	Pouce
Profundidade	Profondeur
Quilograma	Kilogramme
Quilômetro	Kilomètre
Tonelada	Tonne
Volume	Volume

Meditação
Méditation

Aceitação	Acceptation
Acordado	Éveillé
Atenção	Attention
Bondade	Gentillesse
Clareza	Clarté
Compaixão	Compassion
Emoções	Émotions
Ensinamentos	Enseignements
Gratidão	Gratitude
Mental	Mental
Mente	Esprit
Movimento	Mouvement
Música	Musique
Natureza	Nature
Observação	Observation
Paz	Paix
Pensamentos	Pensées
Perspectiva	Perspective
Postura	Posture
Silêncio	Silence

Mitologia
Mythologie

Arquétipo	Archétype
Ciúmes	Jalousie
Comportamento	Comportement
Criação	Création
Criatura	Créature
Cultura	Culture
Desastre	Catastrophe
Força	Force
Guerreiro	Guerrier
Heroína	Héroïne
Herói	Héros
Imortalidade	Immortalité
Labirinto	Labyrinthe
Lenda	Légende
Mágico	Magique
Monstro	Monstre
Mortal	Mortel
Relâmpago	Éclair
Trovão	Tonnerre
Vingança	Vengeance

Móveis
Meubles

Almofada	Oreiller
Almofadas	Coussins
Banco	Banc
Cadeira	Chaise
Cama	Lit
Colchão	Matelas
Cortinas	Rideaux
Cômoda	Commode
Espelho	Miroir
Estante	Bibliothèque
Futon	Futon
Maca	Hamac
Mesa	Bureau
Poltrona	Fauteuil
Prateleiras	Étagères
Sofá	Canapé
Tapete	Tapis

Natureza
Nature

Abelhas	Abeilles
Abrigo	Abri
Animais	Animaux
Ártico	Arctique
Beleza	Beauté
Deserto	Désert
Dinâmico	Dynamique
Erosão	Érosion
Floresta	Forêt
Folhagem	Feuillage
Geleira	Glacier
Nevoeiro	Brouillard
Nuvens	Nuage
Pacífico	Paisible
Rio	Fleuve
Santuário	Sanctuaire
Selvagem	Sauvage
Sereno	Serein
Tropical	Tropical
Vital	Vital

Nutrição
Nutrition

Amargo	Amer
Apetite	Appétit
Calorias	Calories
Carboidratos	Glucides
Comestível	Comestible
Dieta	Diète
Digestão	Digestion
Equilibrado	Équilibré
Fermentação	Fermentation
Líquidos	Liquides
Molho	Sauce
Nutriente	Nutritif
Peso	Poids
Proteínas	Protéines
Qualidade	Qualité
Sabor	Saveur
Saudável	Sain
Saúde	Santé
Toxina	Toxine
Vitamina	Vitamine

Números
Nombres

Cinco	Cinq
Decimal	Décimal
Dez	Dix
Dezesseis	Seize
Dezessete	Dix-Sept
Dezoito	Dix-Huit
Dois	Deux
Doze	Douze
Nove	Neuf
Oito	Huit
Quatorze	Quatorze
Quatro	Quatre
Quinze	Quinze
Seis	Six
Sete	Sept
Treze	Treize
Três	Trois
Um	Un
Vinte	Vingt
Zero	Zéro

Oceano
Océan

Atum	Thon
Baleia	Baleine
Barco	Bateau
Camarão	Crevette
Caranguejo	Crabe
Coral	Corail
Enguia	Anguille
Esponja	Éponge
Golfinho	Dauphin
Marés	Marées
Medusa	Méduse
Ondas	Vagues
Ostra	Huître
Peixe	Poisson
Polvo	Poulpe
Recife	Récif
Sal	Sel
Tartaruga	Tortue
Tempestade	Tempête
Tubarão	Requin

Paisagens
Paysages

Cascata	Cascade
Caverna	Grotte
Colina	Colline
Deserto	Désert
Geleira	Glacier
Golfo	Golfe
Iceberg	Iceberg
Ilha	Île
Lago	Lac
Mar	Mer
Montanha	Montagne
Oásis	Oasis
Oceano	Océan
Pântano	Marais
Península	Péninsule
Praia	Plage
Rio	Fleuve
Tundra	Toundra
Vale	Vallée
Vulcão	Volcan

Países #2
Pays #2

Albânia	Albanie
Dinamarca	Danemark
França	France
Grécia	Grèce
Haiti	Haïti
Indonésia	Indonésie
Irlanda	Irlande
Jamaica	Jamaïque
Japão	Japon
Laos	Laos
Líbano	Liban
México	Mexique
Nepal	Népal
Nigéria	Nigeria
Paquistão	Pakistan
Rússia	Russie
Síria	Syrie
Somália	Somalie
Ucrânia	Ukraine
Uganda	Ouganda

Pássaros
Oiseaux

Avestruz	Autruche
Águia	Aigle
Cegonha	Cigogne
Cisne	Cygne
Corvo	Corbeau
Cuco	Coucou
Flamingo	Flamant
Frango	Poulet
Gaivota	Mouette
Ganso	Oie
Garça	Héron
Ovo	Oeuf
Papagaio	Perroquet
Pardal	Moineau
Pato	Canard
Pavão	Paon
Pelicano	Pélican
Pinguim	Manchot
Pombo	Pigeon
Tucano	Toucan

Pesca
Pêche

Água	Eau
Barco	Bateau
Brânquias	Branchies
Cesta	Panier
Cozinhar	Cuire
Equipamento	Équipement
Exagero	Exagération
Fio	Fil
Gancho	Crochet
Isca	Appât
Lago	Lac
Mandíbula	Mâchoire
Oceano	Océan
Paciência	Patience
Peso	Poids
Praia	Plage
Rio	Fleuve
Temporada	Saison

Piratas
Pirates

Aventura	Aventure
Âncora	Ancre
Bússola	Boussole
Capitão	Capitaine
Caverna	Grotte
Cicatriz	Cicatrice
Espada	Épée
Ilha	Île
Lenda	Légende
Mapa	Carte
Mau	Mauvais
Moedas	Pièces
Oceano	Océan
Ouro	Or
Papagaio	Perroquet
Perigo	Danger
Praia	Plage
Rum	Rhum
Tesouro	Trésor
Tripulação	Équipage

Plantas
Plantes

Arbusto	Buisson
Árvore	Arbre
Baga	Baie
Bambu	Bambou
Botânica	Botanique
Cacto	Cactus
Erva	Herbe
Feijão	Haricot
Fertilizante	Engrais
Flor	Fleur
Flora	Flore
Floresta	Forêt
Folha	Feuille
Folhagem	Feuillage
Hera	Lierre
Jardim	Jardin
Musgo	Mousse
Pétala	Pétale
Raiz	Racine
Vegetação	Végétation

Praia
Plage

Areia	Sable
Azul	Bleu
Barco	Bateau
Caranguejo	Crabe
Costa	Côte
Doca	Dock
Guarda-Chuva	Parapluie
Ilha	Île
Lagoa	Lagune
Mar	Mer
Oceano	Océan
Recife	Récif
Sandálias	Sandales
Sol	Soleil
Toalha	Serviette
Veleiro	Voilier

Preencher
Remplir

Bacia	Bassin
Balde	Seau
Bandeja	Plateau
Barril	Baril
Bolso	Poche
Caixa	Boîte
Cesta	Panier
Envelope	Enveloppe
Garrafa	Bouteille
Gaveta	Tiroir
Jar	Pot
Mala	Valise
Navio	Navire
Pacote	Paquet
Pasta	Dossier
Saco	Sac
Tubo	Tube
Vaso	Vase

Profissões #1
Professions #1

Advogado	Avocat
Artista	Artiste
Astrônomo	Astronome
Banqueiro	Banquier
Bombeiro	Pompier
Caçador	Chasseur
Cartógrafo	Cartographe
Cientista	Scientifique
Dançarino	Danseur
Editor	Éditeur
Embaixador	Ambassadeur
Encanador	Plombier
Enfermeira	Infirmière
Geólogo	Géologue
Joalheiro	Bijoutier
Marinheiro	Marin
Músico	Musicien
Pianista	Pianiste
Psicólogo	Psychologue
Veterinário	Vétérinaire

Profissões #2
Professions #2

Agricultor	Agriculteur
Astronauta	Astronaute
Biólogo	Biologiste
Cirurgião	Chirurgien
Dentista	Dentiste
Detetive	Détective
Engenheiro	Ingénieur
Filósofo	Philosophe
Fotógrafo	Photographe
Ilustrador	Illustrateur
Inventor	Inventeur
Investigador	Chercheur
Jardineiro	Jardinier
Jornalista	Journaliste
Linguista	Linguiste
Médico	Médecin
Piloto	Pilote
Pintor	Peintre
Professor	Enseignant
Zoólogo	Zoologiste

Restaurante # 2
Restaurant #2

Almoço	Déjeuner
Aperitivo	Apéritif
Água	Eau
Bebida	Boisson
Bolo	Gâteau
Cadeira	Chaise
Colher	Cuillère
Delicioso	Délicieux
Especiarias	Épices
Fruta	Fruit
Garçom	Serveur
Garfo	Fourchette
Gelo	Glace
Jantar	Dîner
Legumes	Légumes
Macarrão	Nouilles
Peixe	Poisson
Sal	Sel
Salada	Salade
Sopa	Soupe

Restaurante #1
Restaurant #1

Alergia	Allergie
Café	Café
Caixa	Caissier
Carne	Viande
Cozinha	Cuisine
Faca	Couteau
Frango	Poulet
Garçonete	Serveuse
Guardanapo	Serviette
Ingredientes	Ingrédients
Menu	Menu
Molho	Sauce
Pão	Pain
Picante	Épicé
Placa	Assiette
Reserva	Réservation
Sobremesa	Dessert
Tigela	Bol

Roupas
Vêtements

Avental	Tablier
Blusa	Chemisier
Calça	Pantalon
Camisa	Chemise
Casaco	Manteau
Chapéu	Chapeau
Cinto	Ceinture
Colar	Collier
Jaqueta	Veste
Jeans	Jeans
Luvas	Gants
Meias	Chaussettes
Moda	Mode
Pijama	Pyjama
Pulseira	Bracelet
Saia	Jupe
Sandálias	Sandales
Sapato	Chaussure
Suéter	Pull
Vestido	Robe

Sons
Sons

Alto	Fort
Apito	Sifflet
Aplaudir	Applaudir
Concerto	Concert
Coro	Chœur
Eco	Écho
Gemer	Gémir
Repetitivo	Répétitif
Ressonante	Résonnant
Riso	Rire
Ruidoso	Bruyant
Sino	Cloche
Sirenes	Sirènes
Sussurrar	Chuchoter
Tosse	Toux
Vibração	Vibration
Vozes	Voix

Tecnologia
Technologie

Arquivo	Fichier
Blog	Blog
Bytes	Octets
Câmera	Caméra
Computador	Ordinateur
Cursor	Curseur
Dados	Données
Digital	Numérique
Estatísticas	Statistiques
Fonte	Police
Internet	Internet
Mensagem	Message
Navegador	Navigateur
Pesquisa	Recherche
Segurança	Sécurité
Software	Logiciel
Tela	Écran
Virtual	Virtuel
Vírus	Virus

Tempo
Temps

Agora	Maintenant
Ano	Année
Antes	Avant
Anual	Annuel
Calendário	Calendrier
Década	Décennie
Dia	Jour
Futuro	Futur
Hoje	Aujourd'Hui
Hora	Heure
Manhã	Matin
Meio-Dia	Midi
Mês	Mois
Minuto	Minute
Momento	Moment
Noite	Nuit
Ontem	Hier
Relógio	Horloge
Semana	Semaine
Século	Siècle

Tipos de Cabelo
Types de Cheveux

Branco	Blanc
Brilhante	Brillant
Cachos	Boucles
Careca	Chauve
Cinza	Gris
Colori	Coloré
Encaracolado	Frisé
Fino	Mince
Grosso	Épais
Loiro	Blond
Longo	Long
Marrom	Marron
Ondulado	Ondulé
Prata	Argent
Preto	Noir
Saudável	Sain
Seco	Sec
Suave	Doux
Trançado	Tressé
Tranças	Tresses

Vegetais
Légumes

Abóbora	Citrouille
Aipo	Céleri
Alcachofra	Artichaut
Alho	Ail
Batata	Patate
Beringela	Aubergine
Brócolis	Brocoli
Cebola	Oignon
Cenoura	Carotte
Chalota	Échalote
Cogumelo	Champignon
Ervilha	Pois
Espinafre	Épinard
Gengibre	Gingembre
Nabo	Navet
Pepino	Concombre
Rabanete	Radis
Salada	Salade
Salsa	Persil
Tomate	Tomate

Veículos
Véhicules

Ambulância	Ambulance
Avião	Avion
Balsa	Ferry
Barco	Bateau
Bicicleta	Vélo
Caminhão	Camion
Caravana	Caravane
Carro	Voiture
Foguete	Fusée
Helicóptero	Hélicoptère
Jangada	Radeau
Lambreta	Scooter
Metrô	Métro
Motor	Moteur
Ônibus	Bus
Pneus	Pneus
Submarino	Sous-Marin
Táxi	Taxi
Transporte	Navette
Trator	Tracteur

Virtudes #1
Vertus #1

Apaixonado	Passionné
Artístico	Artistique
Bom	Bon
Confiante	Confiant
Curioso	Curieux
Decisivo	Décisif
Eficiente	Efficace
Encantador	Charmant
Engraçado	Drôle
Generoso	Généreux
Imaginativo	Imaginatif
Independente	Indépendant
Inteligente	Intelligent
Limpo	Propre
Modesto	Modeste
Paciente	Patient
Prático	Pratique
Sábio	Sage
Útil	Utile

Xadrez
Échecs

Aprender	Apprendre
Branco	Blanc
Campeão	Champion
Concurso	Concours
Desafios	Défis
Diagonal	Diagonal
Estratégia	Stratégie
Jogador	Joueur
Jogo	Jeu
Oponente	Adversaire
Passivo	Passif
Pontos	Points
Preto	Noir
Rainha	Reine
Regras	Règles
Rei	Roi
Sacrifício	Sacrifice
Tempo	Temps
Torneio	Tournoi

Parabéns

Conseguiu!

Esperamos que tenha gostado tanto deste livro como nós gostamos de o desenhar. Esforçamo-nos por criar livros da mais alta qualidade possível.
Esta edição foi concebida para proporcionar uma aprendizagem inteligente, de qualidade e divertida!

Gostou deste livro?

Um simples pedido

Estes livros existem graças às críticas que publica.
Pode ajudar-nos, deixando agora uma revisão?

Aqui está um pequeno link para
a sua página de revisão:

BestBooksActivity.com/Avaliacoes50

DESAFIO FINAL!

Desafio n° 1

Está pronto para o seu jogo grátis? Usamo-los a toda a hora, mas não são tão fáceis de encontrar - aqui estão os **Sinônimos!**
Escreva 5 palavras que encontrou nos puzzles (n° 21, n° 36, n° 76) e tente encontrar 2 sinónimos para cada palavra.

Escreva 5 palavras de *Puzzle 21*

Palavras	Sinônimo 1	Sinônimo 2

Escreva 5 palavras de *Puzzle 36*

Palavras	Sinônimo 1	Sinônimo 2

Escreva 5 palavras de *Puzzle 76*

Palavras	Sinônimo 1	Sinônimo 2

Desafio n° 2

Agora que já aqueceu, escreva 5 palavras que encontrou nos Puzzles (n° 9, n° 17 e n° 25) e tente encontrar 2 antônimos para cada palavra. Quantos se podem encontrar em 20 minutos?

Escreva 5 palavras de *Puzzle 9*

Palavras	Antônimo 1	Antônimo 2

Escreva 5 palavras de *Puzzle 17*

Palavras	Antônimo 1	Antônimo 2

Escreva 5 palavras de *Puzzle 25*

Palavras	Antônimo 1	Antônimo 2

Desafio n° 3

Óptimo! Este desafio final não é nada para si.

Pronto para o desafio final? Escolha 10 palavras que tenha descoberto nos diferentes puzzles e escreva-as abaixo.

1.	6.
2.	7.
3.	8.
4.	9.
5.	10.

Agora escreva um texto a pensar numa pessoa, num animal ou num lugar de seu agrado.

Pode utilizar a última página deste livro como um rascunho.

A Sua Composição:

CADERNO DE NOTAS:

ATÉ BREVE!

A equipa Inteira

DESCUBRA JOGOS GRATUITOS

GO

BESTACTIVITYBOOKS.COM/FREEGAMES